漢文の読法

史記 游俠列伝

齋藤希史・田口一郎 著

角川書店

JN037273

目次

はじめに

齋藤　希史

漢文が読めるようになりたいけれども、どうやったらよいのかわからない。高校で勉強はした（している）のだけど、ほんとうに読めるようになったのかどうかわからない。本書は、そうした声に応えるために編まれました。用意したのは、二週間程度をかけて、まとまった長さの文章を集中して読む、漢文の句法をただ暗記するのではなく、読解の方法を論理的に習得する、という二つの柱です。まとまった長さの文章を集中して読むことで、全体の文脈を把握する力を養います。説明をできるだけ論理的にすることで、漢文の語法の本質的な理解を目指します。

ここで読解のテキストとするのは、『史記』游俠列伝《ゆうきょうれつでん》です。『史記』は、前漢の歴史家・司馬遷《しばせん》（紀元前一四五（一三五）?〜前八六?）の編著による、上古《じょうこ》の黄帝《こうてい》から前漢《ぜんかん》の武帝《ぶてい》期までの通史で、紀元前九〇年頃に主要部分が完成したとされます。全体は、帝王の事跡を記す「本紀《ほんぎ》」、年表形式でまとめた「表」、テーマごとの「書」、諸侯の事跡を記す「世家《せいか》」、さまざまな人の伝記である「列伝」から成り、最後には司馬遷自身のことを記した「太史《たいし》公《こう》自序」が置かれます。列伝は、「伯夷《はくい》列伝」などのように人物の名を冠するものだけでなく、「刺客列伝」や「游俠列伝」のように、同類と見なされる人たちを一つの伝に収めるものもあります。そうした列伝は、一人一人の人物の伝記はそれほど長くはないのですが、全体として読むと、「刺客」とはどのような存在か、「游俠」とはどのような存在かが浮かび上がるように書かれています。「游俠列伝」は列伝の中でも短い部類に属します。けれども太史公司馬遷が「俠」という存在を社会の動力として重視したこともあって、印象的な伝です。また、伝の前に長い序があり、熱のこもった議論が展開されます。通読することで『史記』における議論と記事両面の表現になじむことができます。底本には瀧川龜太郎『史記会注考証』（東方文化学院、一九三二〜三四）を用い、点校本二十四史修訂本『史記』（中華書局、二〇一三、平装、第九次印刷）を始めとする諸書を参照して本文を定めました。

教材の選定の次に考えたのは、学習の方法です。学校の漢文では、訓点（返り点と送り仮名と振り仮名）つきの漢文を読んで、現代語に訳すのが一般的です。本書の構成は、かなり異なっています。

まず全文を十五日間で読み終えられるように分けました。一日ごとの学習の最初に、その日にとりくむ文章の現代語訳を読み、それから訓読文（書き下し文や読み下し文とも言います）を読むようにしました。どちらも、漢文を理解するための手段として位置づけています。本書の訓読文は原文の漢字をほぼそのまま使っています（そのため教科書などの書き下し文とはやや異なっています）から、日本語の語順で漢文の語句になじむには便利です。

その次に、段落ごとに原文を示し、句のまとまりに分けながら語句と語法を説明し、どうしてそのような訳になるのかを説明しました。時にはいくつかの解釈を示すこともあります。さらに、漢文の構造を把握し文意の理解を確認するために、返り点つきの漢文を段落の締めくくりに置きました。訓点は色付けで印刷しましたので、暗記用シートを使うなどの工夫もできます。理解のための訓読という観点から、訓読文も訓点つき漢文の振り仮名や送り仮名も現代仮名遣いに統一しました。

句読点は、底本を参照しつつ、読点「、」は語法上の意味の切れ目、句点「。」はトピックの切れ目を示すという原則で新たに施し、訓読文でも現代語訳でもそれを用いました。日本語の句読点としては不自然なところがあるかもしれませんが、漢文としてのことばのまとまりへの意識を優先させました。もともと漢文には句読点はなかったのですが、読誦する際には意味の切れ目で短い停頓（読《とう》）、長い停頓（句）を入れました。そのときに、短い停頓は「、」、長い停頓は「レ」「乙」（のちには「。」）などの記号を書き込みましたが、厳密な規則はなく、現代語のような文法規範にもとづくものではありませんでした。この本では、句読点も漢文読解のための手段として新たに位置づけてみました。句点の切れ目でトピックがどのように展開・転換しているか、注意してみてください。

漢字は常用もしくは通行の字体を用いることを原則としましたが、原文に見える異体字は、なるべくそのままにしました。「游俠」は、『韓非子《かんぴし》』に「游俠」とあるのを引用するなどの場合を例外として、『史記』の表記に従ってすべて「游俠」とし、「遊俠」などとはしませんでした。

また、息抜きと解説の背景説明とをかねて、いくつかの「コラム」に加え、「漢文談義」と称した対談仕立ての読み物も設けました。巻末には、句読点を施した原文と句読点も段落もない白文を底本の字体を基準として載せました。

なお、語法の重要項目には西田太一郎『漢文の語法』（角川ソフィア文庫、二〇二三）を参照できるよう、（→『語法』31節A8）のように注記を加えました。本書だけでも語法の理解ができるようつとめましたが、『漢文の語法』の解説や文例を参照すれば、理解は深まります。漢和辞典とともにぜひ手もとに置いて活用してください。本書は、いわば『漢文の語法』の実践篇です。

漢文を読めるようになりたいという声に本書が応えているかどうか、ひとまずページをめくってご覧いただければ、幸いです。

第1日　序（一）

これから十五日間で『史記《しき》』游俠列伝《ゆうきょうれつでん》の全文を読みます。この列伝は、長い「序」から始められ、游俠がいかなる存在であるかが説明されます。全文十五日のうち六日までが「序」です。その長さは司馬遷《しばせん》が「游俠列伝」に力をこめたことのあらわれです。

最初は、文脈を理解するために現代日本語で読みます。本書の「附録」には、原文に句読点をつけたものと何もつけていない白文を載せていますので、とにかく原文をという方は、先にそちらに目を通していただくのもよいでしょう。これが読めるようになるのか、と茫然《ぼうぜん》とされる方もおられるかもしれません。大丈夫です。もう一度このページに帰ってください。

漢文が読めるようになるためには文脈の理解が重要です。本書の現代語訳は、試験の正解としてではなく、文脈を理解するために用意されました。漢文には特有の議論や叙述のかたちがあります。まず現代語訳でそれをつかみます。

最初は、游俠が何と対比されているのか、そこが読解のポイントになります。内容から言えば対比、修辞法としては対句《ついく》を意識して読んでください。

現代語訳

韓非子《かんぴし》は「儒者《じゆしや》は文辞によって法を乱し、俠者《きようしや》は武力によって禁を犯す」と言った。両者ともに非難されているが、学問をする儒者は、世の中では称《たた》えられることが多いようだ。学術によって宰相《さいしよう》や卿大夫《けいたいふ》の地位に就《つ》き、時の君主を補佐し、功名ともに歴史にのこしたような人物については、もちろんここで語るまでもない。季次《きじ》・原憲《げんけん》といった人物は、市井《しせい》の人であるが、書を読んで、独りすぐれた行いをする君子を理想として、義を重んじて時世に迎合しようとはせず、時世の人々も彼らを笑いものにした。だから季次・原憲は終生何もないあばら屋に住み、粗衣粗食も満足に得られなかったが、死後四百年あまり経った今も、儒学の弟子たちは彼らのことを記し続けている。

次に、原文の訓読文を読みます。細かな意味の解説はこれからしますので、ひとまず声に出して読んでいただければそれでかまいません。声を張り上げる必要はありません。文字を確認することが大事です。なお、高校の教科書や大学の入試問題などでは訓読を歴史的仮名遣いで書くことが多いのですが、ここでは現代仮名遣いで記します。

訓読文

韓子《かんし》曰《い》わく、「儒《じゅ》は文《ぶん》を以《もっ》て法《ほう》を乱《みだ》し、而《しこ》うして俠《きょう》は武《ぶ》を以《もっ》て禁《きん》を犯《おか》す」と。二者《にしゃ》は皆《み》な譏《そし》らる、而《しこ》うして学士《がくし》は多《おお》く世《よ》に称《しょう》せらると云《い》う。術《じゅつ》を以《もっ》て宰相《さいしょう》・卿《けい》・大夫《たいふ》を取《と》り、其《そ》の世主《せいしゅ》を輔翼《ほよく》して、功名倶《こうみょうとも》に春秋《しゅんじゅう》に著《あら》わるるが如《ごと》きに至《いた》りては、固《もと》より言《い》う可《べ》き者無《ものな》し。季次《きじ》・原憲《げんけん》の若《ごと》きに及《およ》びては、閭巷《りょこう》の人也《ひとなり》、書《しょ》を読《よ》み、独行君子《どくこうくんし》の徳《とく》を懐《おも》い、義《ぎ》として苟《いやし》くも当世《とうせい》に合《あ》わず、当世《とうせい》も亦《ま》た之《これ》を笑《わら》う。故《ゆえ》に季次《きじ》・原憲《げんけん》は終身空《しゅうしんくう》室蓬戸《しっぽうこ》、褐衣疏食《かついそしょく》して厭《いと》わず、死《し》して已《すで》に四百餘年《しひゃくよねん》、而《しか》も弟子《ていし》之《これ》を志《しる》して倦《あ》かず。

では原文を少しずつ区切って見ていきます。一字一字、理解できるようにしましょう。

原文①　韓子曰、儒以文乱法、而俠以武犯禁。

a　韓子曰　**韓子**とは韓非《かんぴ》のこと。紀元前三世紀の思想家です。**子**は敬称、先生の意。孔子《こうし》の「子」と同じです。姓は孔《こ》、諱《いみな》（本名）は丘《きゅう》、字《あざな》（社会人としての名）は仲尼《ちゅうじ》である人を尊敬して孔子と呼ぶわけです。『史記』では、韓非のことをただ「韓非」あるいは「韓子」と記し、「韓非子」とは書きません（その書名も『韓子』）。ちなみに唐代《とう》に大文学者・韓愈《かんゆ》（敬称「韓子」、七六八〜八二四）が現れると、こちらと区別するため「韓非子」の呼称が一般的になります。**曰**はその発話内容を表す語。「と言った」と動詞で訳してよいのですが、発話の内容は鍵括弧（「　」）でくくれます。最初の〝「〟は曰の直後であるから問題ないのですが、終わりの〝」〟は文章の内容から判断して、読者がつけなければなりません。受験の漢文で、『「曰」の示す内容はどこまでか、終わりの三文字を記せ」という問題がありますが、文脈を理解できているかどうかを試しているわけです。

b　儒以文乱法、而侠以武犯禁　**儒**は儒学・儒者。ここでは次の「侠」と対《つい》になっていますから、儒者の方がよいでしょう。**以**は、ここでは手段を示します。『語法』12節「介詞」の文例36・37にあたるでしょう。**文**は文様・あや。儒者が用いる「あや」は「文章」。漢字の連なりからなる漢文の文章は、文様のように見えますから「文章」「文辞」という意味になります。

乱法は、「乱れた法」とも「法を乱す」とも読めますが、直前が「文をつかって」ですから「法を乱す」の方がうまくつながります。さらには、ここは「儒」と「侠」が対比されているところで、句としては「乱法」と「犯禁」が対応しています。**犯禁**は、禁を犯す（禁じられていることを破る）と読めますから、ここは「法を乱す」で確定します。このように、漢文では、いくつかの解釈を保持したまま、その先を読んで、それから意味を確定することがよくあります。もちろんどのような言語でもそうした要素はあるのですが、漢文では特に顕著で、これは漢文が表語文字を用いた書記言語として発達したこととかかわると考えられます（↓コラム①）。

而は、それ自体では意味のない置き字です。「しかして（しこうして）」「しかるに」などと読みます。前者は順接、後者は逆接、というのは西洋語に慣れていると不合理に思えますが、じつはこの字は読みのリズムを調整するもので（スペーサーのような役割）、前後の文脈のつながりによって、順接や逆接に読み分けているという仕掛けなのです。読みのリズムが文字化され、語法として機能するのも漢文の特色です。じつはこの部分の出典の『韓非子』五蠹《ごと》を例えば岩波文庫版で見ると「而」の字がありません。また『史記』の中でも「老子韓非列伝」では「以為儒者用文乱法、而俠者以武犯禁（以為《おもえ》らく儒者は文を用《もっ》て法を乱し、而うして俠者は武を以て禁を犯すと）」と記され、「者」が増えています。言っている内容が変わるわけではありませんが、漢文にはこうしたリズムの伸び縮みがあり、それが効果を発揮する場合もあることを頭に入れておきましょう。

俠は、武芸を嗜《たしな》み、正義のためには己を捨てて人を助けること、またその存在。旧時の社会的制約から、おとこだて、おとこ気なども訳されますが、「女俠」ということばもあり、男性のみの特性と考えるとその本質を見誤ります。ここでは「儒」と対になる存在として挙げられます。それぞれ「文」と「武」に拠《よ》って立つわけです。

最後に、もう一度原文に戻って、返り点を付けて訓読してみましょう。

返り点

韓子曰、儒以レ文乱レ法、而侠以レ武犯レ禁。

韓子曰わく、「儒は文を以て法を乱《みだ》し、而《しこ》うして侠は武を以て禁を犯す」と。

漢文の読解は、一つ一つの語義を理解した上で、全体として筋が通るように、場合に応じて語義を選択しながら行われます。訓読はその読解を示すものですから、一律のルールで機械的に行われるというわけではありません。

原文② 二者皆譏、而学士多称於世云。

a 二者皆譏　者については、『語法』20節にくわしい説明があります。人物を指すだけではありません。ここは、「儒」と「侠」を指して「二者」と言っています。

皆［みナ］は、（主語が）すべて同じく、の意。ですから三者以上のときは「みな」「みんな」という現代語訳でよいのですが、二者の場合は「ともに」と訳を変える必要があります。**譏**［そしル］は相手を非難することですが、とがめる・いさめる意を含む「そしる」です。動詞「譏」の前にある、**二者**は英語であれば主語にしかなりませんが、漢文では（日本語と同じように）「提示語（主題を示す語）」として後に来る動詞の目的語となることが可能です。その場合は「二者については」の意。「譏」の後にはその対象が示されず、他動詞としては読めませんので、「そしらる」と受身で読みます。漢文の動詞は、必ずしも明確に他動詞・自動詞と分けられるものではない（分けられる場合もある）のですが、それは多く「……という状態にある」ことを表しているからです（→コラム①）。今はわかりにくいかもしれませんが、これからしばらく漢文とつきあう中で、なぜ「漢文では動詞は多く受身で読むことも可能」なのか、考えてみてください。ここでは「二者はともに（韓子に）非難されている」の意になります。

b　而学士多称於世云　**而**については、前段（→1b）で説明しました、スペーサー。ここでは読点「、」の代わりになり、上下の関係から現代語訳では逆接となります。**学士**は、学ぶ者。学者も、漢文では、専門家というよりは、学ぶ者という意味ですが、「者」に対して「士」は、社会的な地位をそなえた人、もしくは人格的にすぐれた人という含意が加わります。敬称に近いとも言えます。何を学ぶかと言えば、通常は儒学の経典です。この文脈でも、前を受けて、儒者を指します。

称には、「たたえる」「となえる」「かなう」などの意味がありますが、ここでも「学士」が主語だとすると「学士は多く世の中に称《たた》える」「学士は……に称《とな》える」「学士……に称《かな》う」のいずれかとなり、いずれも目的語がないために意味が通りません。ここでは前の部分同様、「学士」を提示語ととり、「学士は多く世間で称《たた》えられる」と読むとうまくいきます。

於という字は、「おける」「おいて」と一般的には読みますが、場所を表す総合的な前置詞です。英語で言うと、in, on, at, from, to などさまざまな前置詞をこの一字に置き換えることができます（↓『語法』12節）。**云**は文末に置かれる語気助詞。「……と云う」と訓読しますが、主語が「云」うわけではなく、断定を避け、「ということだ」「であるらしい」の語気（述べる内容についての判断や心情、述べる相手に対する態度など）を表します。ここでは「（必ずほめ称えられているわけではないが）称えられていることが多いようである」の意。

最後に、返り点をつけて読んでみましょう。

返り点

二者皆譏、而学士多称二於世一云。

二者は皆《み》な譏らる、而うして学士は多く世に称せらると云う。

原文③ 至如以術取宰相卿大夫、輔翼其世主、功名倶著於春秋、固無可言者。

a 至如以術取宰相卿大夫 **至如**は「……の如きに至りては」と訓読し、「至如A、B」のかたちで名詞あるいは名詞節のAを強調し、その後に評価や説明を示すBを加える構文です。「Aについては、

Bである」。Aの部分は長かったり短かったりしますので、注意深くみていきましょう。**術**は、方法・手段・技術。和語だと「すべ」「わざ」。ここでは学術というように、前を受けて儒者の学問のことを指します。

宰相は最高行政長官、日本でいうと総理大臣、秦漢《しんかん》代では丞相《じょうしょう》や相国《しょうこく》が当たります。**相**は大臣を指す場合、音は〈ショウ〉。**卿・大夫**はいずれも高官の称。これらを「取」るというのは、その地位を取る意となります。

b　輔翼其世主　**輔翼**は、補佐・補助と同義。「輔」は重い物を載せるとき車輪を補強する二本の添え木から、力添えする意。「翼」は翼で覆い隠すように守り助けること。**世主**は、その世の中の君主。

c　功名倶著於春秋　**功名**は功績と名声。**倶**［ともニ］は連れだって・揃っての意。「共」が「共同で」であるのと少し異なります。**著**［あらわス］は、はっきりと内容を示して、知れ渡らせること。**春秋**は春と秋の意から一年、延《ひ》いては年月、またそれを記した編年体の歴史書を指します。

d　固無可言者　**固**［もとヨリ］は、「故」〈コ〉に通じ「もともと」。固《かた》いことから「確固として」「確かに」などとも説明されますが、いずれにしても意味は「もちろん」「もとより」です。つまりここで書き手の判断が示されるわけです。となると、「至如A、B」の構文としては、ここからがBということになります。

無可言者は、言うべきことが無いこと。この場合の「者」は、「至如A」のAにあたる名詞節を受けているわけですから、人ではありません（↓『語法』20節）。「言えることがない」「言うまでもない」

「言うにおよばない」など、前後の文脈にあわせて訳すとうまくいきます。
最後に、返り点の確認です。やや複雑なので、ていねいにやってみましょう。

返り点

至レ如下以レ術取二宰相卿大夫一、輔二翼其世主一、功名倶著中於春秋上、固無二可レ言者一。

術を以て宰相・卿・大夫を取り、其の世主を輔翼して、功名倶に春秋に著わるるが如きに至りては、固より言う可き者無し。

原文④

及若季次・原憲、閭巷人也、読書、懐独行君子之徳、義不苟合当世、当世亦笑之。

a　及若季次・原憲、閭巷人也　**及若**は、前の文の「至如」と同じ構文を作ります。ただし、前の文のAが名詞節だったのに対して、ここは「季次・原憲」という具体的な人名になります。

季次《きじ》・**原憲**《げんけん》はともに人名、孔子の弟子で（『史記』仲尼弟子列伝）、この『史記』の作者、司馬遷より約四〇〇年ほど前の人となります。「季次」は字《あざな》で、姓は公皙《こうせき》、名は哀《あい》、「原憲」は、原が姓で憲が名、字は子思《しし》です。**閭巷**の「閭」は村の入口の大門、「巷」は、ちまた・路地。あわせて市井・民間の意で、前の宰相・卿・大夫と対比をなします。

b　読書、懐独行君子之徳　**読書**とは、小説を読んだりする現代の読書とは異なり、きちんとした書（司馬遷の当時は竹簡製）を読むこと、すなわち学問をすることです。「閭巷人」としては珍しいことです。

懐は、ふところ、そこからふところに入れる、（具体的・抽象的に）胸に抱く、……したいと心がけるという意味になります。**独行**は、（他人が行わなくても）自分だけは正しい道を行うということ。または、そうしたすぐれた行為。ここは「君子（立派な人物）」を修飾しています。「独行の君子」と「の」を入れて読んでもよいでしょう。すぐれた行いをする孤高の君子というイメージです。自分の周囲にはいないけれども、書物には出てくるそうした人物のありかたを理想として心に抱いているわけです。

c　義不苟合当世　ここは構造がやや複雑なのでじっくり見ていきましょう。

「義不容辞」という『三国志演義』《さんごくしえんぎ》にも出てくる言い回しがあります。まずこれを例にして考えましょう。普通には「義として辞するを容《い》れず」と訓読します。「容」は「べし」と読む「可」と同義（漢和辞典を引いてみてください）ですから、「不容辞」は「辞する容《べ》からず」つまり「辞退するわけにはいかない」となります。では「義として」をどう考えるか。**義**は正義、正しい道徳規範を表すことばなので、ここでは「道義」として進めていきます。主語にすると「道義」が「辞退することができない」ということになり、何を辞退するか意味不明になります。次に「義」を動詞「辞」の目的語として、提示語として前置したと考えると、「道義を辞退することはできない」、これも意味不明です。最後の案は、「義」を連用修飾語として「不容辞」全体にかけて「道義（義理）からいって辞退することができない」「道義に照らして辞退できない」、これが正解になります。だから「義として」なのです。

このように名詞を連用修飾語として用いるとき、訓読では「トシテ」「ノトキ」「モテ」という送り仮名を使い、工夫して処理してきました。「義として辞するを容れず（「辞する容《べ》からず」も可）」と訓読するのは、こうした分析を背景にしています。

これを踏まえて、「義不苟合当世」を見てみましょう。

苟は「いやしくも」と訓読して、「かりそめにも」「いい加減に」の意で、『語法』29節C21の解説に、「臨《ンデハ》レ財《ニ》毋《カレ》二苟《クモ》得《ル》一」（財貨を目の前にしてはいい加減な態度で手に入れてはならぬ。礼記曲礼）という文例と「苟《クモ》美《ナリ》矣」（なんとかまあ立派になった。論語子路）という文例が挙げられています。「苟」の意味の核にあるのは、現代語で言うなら「とりあえず」が近いかもしれません。ほんとうにふさわしいかはわからないけれども、ということで、仮定にも使われ、また分不相応という意味での「いやしくも」という訓も与えられました。訓読語としての「いやしくも」は、もともと「苟」の用法の一部分を表しているにすぎないのですが、読み方として定着してしまい、分不相応とは関係ないところでも

「いやしくも」と読むようになったのです。訓読には、読む技法としての効率化のために、こういうことがしばしばありますので、注意が必要です。

d　当世亦笑之　**当世**は、当代・現世・時世。「義不容辞」の「義」の用法を応用すると、「義として苟《いやし》くも当世にあわず」「いい加減に時世にあわせることは道義に照らしてしない」となります。**亦笑之の亦**［まタ］は英語の too, also に相当します。「……もまた」の義で、「（季次・原憲は世の中に迎合しようとはしなかった）世の中の方でもまた季次・原憲らをあざけり笑った」。なお「また」と訓読する語には、復（ふたたび。again に相当）、又（つけくわえて。in addition to に相当）があります（→『語法』10節）。本書では「亦た」のように読みを一字だけ外に出していますが、これは読みやすさを優先して行われた訓読上の慣習です。

さて、ここまでを「及若A、B」の構文としたとき、Bがかなり長いことに気づきます。一方で、「閭巷の人でありながら、書を読んで、独行の君子の徳を懐い」の部分は、前の段ではAに含まれた「学術によって宰相・卿大夫の地位を得て、君主の治世を助け」に、対応するでしょう。違いはどこにあるのでしょうか。この構文は後でも出てきますので、そこで考えてみましょう（→第5日3）。

それでは返り点をつけてみましょう。

返り点

及レ若二季次・原憲一、閭巷人也、読レ書懐二独行君子之徳一、義不㆔苟合㆓当世㆒、当世亦笑㆑之。

季次・原憲の若《ごと》きに及びては、閭巷の人也、書を読み、独行君子の徳を懐《おも》い、義として苟《いやし》くも当世に合わず、当世も亦《ま》た之を笑う。

原文⑤

故季次・原憲終身空室蓬戸、褐衣疏食不厭、死而已四百餘年、而弟子志之不倦。

a **故季次・原憲終身空室蓬戸、褐衣疏食不厭** **故**「ゆえニ」は、そういうわけで。**終身**は「身を終うるまで」、一生・終生。「終」は終わるというより「……の最後までずっと」。終日禁煙というと、一日の終わりの夜間だけ禁煙なのではなく、一日の最後までずっと禁煙の意であるのと同じです。**空室**の「空」はカラなのですが、あるべきものが無いという意味でのカラ。住居者・宿泊者がいないのも「空室」ですし、あるべき家具がないのも「空室」。ここでは季次・原憲の住まいのことを言っていますから後者です。物が無いという意味で「ガランとした」と訳す人もいますが、「ガランと広い」意味ではないので注意してください。**蓬戸**、「蓬」はムカシヨモギ。草餅にするヨモギ（モチグサ）とは異なり、イメージとしてはハルジオン・ヒメジョオンの方が近い。きちんとした材木製の門戸（出入り口）ではなく、「蓬」を編んで作った簡素な門戸が「蓬戸」「蓬門」で、貧者の住まいの呼称となります。

「終身空室蓬戸」は、「空室蓬戸」という名詞を動詞化して「終身、空室蓬戸して……」と読んでもよいですし、「空室蓬戸」を連用修飾語として「身を空室蓬戸……に終《お》う」と読んでもかまわないのですが、「終身」と最後の「不厭」が全体に掛かるので前者の方が明快でしょう（「身を空室蓬戸、褐衣疏食して厭わざるに終う」とも訓読できますが、わかりにくいと思います）。意味はいずれにしても「生涯、家具も少ない簡素な家に暮らして」。

褐衣は粗末な服、「褐」は粗布。**疏食**は粗末な食事。「疏」は、あらい（疎い）意で、周密でなく簡素なこと。**厭**［いとウ］は、飽きて嫌になる。ここは動詞の目的語が提示語として前に出るかたちです。「粗末な服や食事も意に介さない」。

b　死而已四百餘年、而弟子志之不倦　**死而**は、死んでから。**已**［すでニ］は、もう。**而**については、この段の１b参照。**弟子**は、孔子の弟子、つまり儒学の継承者です。この本では「余」と「餘」のように意味上の区別のある字は、漢文引用内では原文を用いています。**志**［しるス］は、「誌」に同じ。『三国志』は、三国の志《こころざし》ではなく、三国の事跡を志《しる》したもの。「志」は、書き記すという意味の他に、心に刻みこむ意があり、この意味にもとれます。**倦**［あク］、は、あきる・うむ・疲れて嫌になること。地位を得た者はもちろん歴史に名を刻み、季次や原憲のような者ですら、儒者たちがいつまでも称えて記す、ということです。つまりここまでが「学士は多く世に称せらると云う」の説明になっているわけです。

最後に、返り点の練習です。

返り点

故季次・原憲終身空室蓬戸、褐衣疏食不レ厭、死而已四百餘年、而弟子志レ之不レ倦。

故に季次・原憲は終身空室蓬戸、褐衣《かつい》疏食《そしょく》して厭《いと》わず、死して已に四百餘年、而《しか》も弟子之を志《しる》して倦《あ》かず。

以上で、この段の語法の説明は終わりです。漢文では、最初に古人の句などを引用して、それを軸に論述を進める構成がよく見られますが、ここもその例です。

もう一度、この日の最初の現代語訳に返って読んでみてください。その背後にある原文がぼんやりとでも浮かぶようなら、学習の効果があったことになります。

第2日　序（二）

「游侠列伝《ゆうきょうれつでん》」の序が続きます。今日もまず現代日本語訳で内容を確認しておきましょう。第1日では儒者の徳について述べられましたが、それを受けて游侠にも見るべき点があるという流れです。

現代語訳

一方《いっぽう》游侠《ゆうきょう》の徒は、その行いは正義からそれることがあっても、ことばで言ったことは必ず守り、行いは必ずやりとげ、引き受けた以上は必ず誠実にとりくみ、我が身を惜しまず、人の困難に駆けつけ、生きるか死ぬかの境地を経《へ》ても、自分の能力を誇らず、自分の徳行を自慢しない。思うに、称賛に値する点が游侠にもあるのである。

続いて、訓読文です。

訓読文

今《いま》 游侠《ゆうきょう》は、其《そ》の行《おこな》い正義《せいぎ》に軌《き》せずと雖《いえど》も、然《しか》れども其《そ》の言《げん》は必《かなら》ず信《しん》にして、其《そ》の行《こう》は必《かなら》ず果《は》たし、已《すで》に諾《だく》すれば必《かなら》ず誠《せい》にして、其《そ》の軀《み》を愛《おし》まず、士《し》の阨困《やくこん》に赴《おもむ》き、既《す》已《で》に存亡死生《そんぼうしせい》し、而《しか》も其《そ》の能《のう》を矜《ほこ》らず、其《そ》の徳《とく》を伐《ほこ》るを羞《は》ず。蓋《けだ》し亦《ま》た多《た》とするに足《た》る者《もの》有《あ》り。

では原文を少しずつ区切ってみていきましょう。

原文① 今游侠、其行雖不軌於正義、然其言必信、其行必果、

a 今游侠、其行雖不軌於正義　**今**は、「現在の（游侠は）」という形容詞でとると意味が通じません。ここでは「いま……について考えてみれば」と、文の始めで語気助詞として使われています。『語法』12節43では、「今」について「上に述べたことと対比するときに用いられることがあり「ところが」と訳すとうまくいくことがある」と説明しています。「さて」「ところで」「一方」などの訳語をあててもよいでしょう。簡単にみえる語ですが、流さず、丁寧に考えていきましょう。

この文での**其**「そノ」はいずれも「游侠の」。游侠の行いや、ことばにはどのような特徴があるの

かが述べられます。**雖**は「いえども」と読み、譲歩を表します。「儒者と異なり、游俠はきちんとした行いばかりではないが……」。英語の though に意味は近いですが、置かれる位置に注意してみてください。though の場合は原則として句や節の頭に置かれますが、「雖」は主語の前にも後にも置くことができます（→『語法』29節C9〜13）。**軌**は、わだち・車輪の跡。そこから進むべき道（軌道）・規範（常軌）といった意味が生じます。ここでは「不」で否定されていますから、「（軌道・規則に）したがう」という動詞として読みます。**於**は場所を表す総合的な前置詞（→第1日2b）。「正義という場所の上に軌道をとらない」→「正義という道にはあわない」「正義をふみはずす」。

b　然其言必信、其行必果　**然**は、しかり・しかく・しかれば・しかも・しこうして、いろいろな読み方をしますが、要するに「如レ是（かくのごとし）」（そのようである）という意味です。接続詞として、順接の「しかして」なのか、逆接の「しかれども・しかるに」なのか、添加の「しかも」なのかは、前後の文脈から判断します。ここでは「（正義からそれる）そうではあるけれど（信である）」と続きますから、逆接で読みます。**信**は嘘をつかないこと。言ったとおりに行うこと。**果**は実現すること、本当にすること。言ったからには嘘とならぬよう実行し、ただ実行するのではなくきちんと実現するのが游俠だ、と言っています。

最後に返り点をつけて読んでみましょう。

返り点

今游俠、其行雖レ不レ軌二於正義一、然其言必信、其行必果、

今游俠は、其の行い正義に軌せずと雖《いえど》も、然れども其の言は必ず信にして、其の行は必ず果たし、

原文② 已諾必誠、不愛其軀、赴士之阨困、

a　已諾必誠、不愛其軀　已［すでニ］と副詞として読みますが、行為が完了したことを表しているので、「……してから」と訳すとうまくいきます。つまり「すでに承諾すれば……」とするよりは、「承諾して以後は（した以上は）……」とした方がわかりやすくなります。**諾**は承諾の諾ですが、相手の要請に対し承知肯定する語には「唯」と「諾」の二つがあります（「唯々諾々」ということばでおなじみ）。「唯」は目上の者に対する速い応答、「ハイ！」に相当します。「諾」は同輩またはそれ以下の者に対するゆったりした応答で、「よし」とか「わかった」に相当します。ここでは俠気を帯びた頼りがいのある親分のようなイメージですので「諾」を使うわけです。**誠**はまごころをこめて、偽《いつわ》らないこと。「よし」と言った以上、見かけだけとりつくろうのでなく、誠実にとりくむのです。**愛**［おしム］は、大切にして手放したくないと思うこと。「割愛《かつあい》」（残したいけれど省略すること）の「愛」です。「愛する」

ことから意味が広がっています。「不愛」で「もの惜しみしない」。**軀**はからだの部位の総称、要するに身体。「不愛其軀」で「わが身の労苦をいとわず」。

b　赴士之阸困　**士**は、ひとかどの人。「学識・徳行や武勇の点ですぐれた男」が原義です。周囲に一人前と認められた男ということですが、ここの文脈では、自らが立派だと見こんだ人、という含意があります。古い言い方ですが「男と見こむ」の「男」に近いと言えます。なお、社会階層としての「士」は、統治階級の下層に位置し、主君との関係も流動的です。**阸**「やく」は「阨」の別体（同音同義の異体字）、「ふさがる」と訓じて、行き場を失って苦しむこと。「阸」を「阨」に作る『史記』のテキストもあります（作る、というのはその字で表記する、ということです）。**困**もくるしむことですから、「阸困」で「くるしむ」という意の複語になります（→『語法』41節）。

最後に返り点をつけて読んでみましょう。

返り点

已諾必誠、不レ愛二其軀一、赴二士之阸困一、

已《すで》に諾すれば必ず誠にして、其の軀《み》を愛《おし》まず、士の阸困《やくこん》に赴《おもむ》き、

原文③ 既已存亡死生矣、而不矜其能、羞伐其徳。蓋亦有足多者焉。

a 既已存亡死生矣　**既已**はともに「すでに」の意の漢字で構成された複語（→『語法』41節）。「既」「已」どちらか一字でもよいのですが、リズムを整えるために熟語にしています。句末の助詞**矣**はさまざまな語気を表しますが、ここでは「既已」と呼応して、状態の変化を表しています。現代中国語の文末の「了」に相当します。中国語を勉強されている方なら「已経……了」というかたちに見覚えがあるでしょう。「……という状態になっても」。

次の「存亡死生」は難解。古来さまざまな解釈がなされています。

一つは「存亡死生」は「存亡生死」の誤りだとするもの。訓読は「亡を存せしめ、死を生かしむ」、現代語訳は「瀕死《ひんし》必死のものを生存させる」、つまり窮地にかけつけ、絶望的状況にある者を救い出す、という意味です。しかし、ほぼすべての『史記』のテキストは「存亡死生」となっており、このように任意でテキストを書き換えるのはよろしくありません。

また「存亡死生」をそのまま「亡を存せしめ、生を死なしむ」と読むものもあります。死ぬはずのものを生かし、生きるものを殺す。生かすも殺すも思うがまま、生殺与奪《せいさつよだつ》の力をもつという方向の解釈ですが、人の窮地に駆けつけて「殺すも思うがまま」というのは違和感があります。

またこれを「存亡、死生す」と読み、人と存亡を同じくするという解釈、つまり他人と命をともにする（ほど自らの命をなげうつ）という解釈もありますが、これもかなり苦しい。

ここの「存亡死生」は、おそらく一まとまりで「生死にかかわることをする」「生き死にの修羅場《しゅらば》をふむ」という意味なのではないかと思います（『史記会注考証《しきかいちゅうこうしょう》』の説）。游俠の立場から、生きるか死ぬかの絶境を踏み越える、それを行っても……と続いていくと考えられます（→漢文談義①）。

b　而不矜其能、羞伐其徳　**而**はスペーサー（無意義の接続詞）。ですが単なるスペーサーではなく、ここに一字置くことで、死生を踏み越えるような苦労をきちんと行った「が、それでも」という、強調を表します。

矜［ほこル］は、自負する・自らの能力をほこる、の意。矜持《きょうじ》（持）の矜です。「不矜其能」で「その能力をほこることなく」。

伐は「功績を自慢する」意での「ほこる」で、意味は微妙に異なりますが、ここではどちらかの字が繰り返されるのを避けて、違う字を用いています。**徳**はここでは徳行。また人になにかをしてあげるという文脈なので恩徳としてもかまいません。つまり「羞伐其徳」とは、人に徳を施したことを自慢することを恥ずかしく思う、だからそのようなことはしない、となります。

c　蓋亦有足多者焉　**蓋**［けだシ］は、句頭に置かれて上文を受け、原因を推測して説明するなどとする文法書もありますが、一概にそこまで限定する必要もなく、「思うに」「おそらく」でいいでしょう。むしろ話者が何かを述べようとする語気があることに注意してください。ここでは、「蓋……焉」で、つまり……なのである、と話者が読者に語りかけていると理解してもよいでしょう。

亦は「（儒者と同様、游侠）もまた」の意（↓第1日4d）。**多**は「おおい」ではなく、他動詞で「多とす」と読みます。現代語で「彼の労を多として」と言うときの「多」です。重視する・賛美する・称《たた》える、などと訳すとうまくいきます。逆に「少」ですと「少とす」と読み、軽視する・不満に思う・そしる、などの意味になります（↓第5日1f）。**足**［たル］は、十分である、ということから、その条件を備えている、となり、「足多」で、重視や称賛に値する、という意になります。つまりこの「蓋亦有足多者焉」は、「足多」が句意の核になっているわけですが、「有……者」（……というところがある）、「亦」（それもまた）、「蓋……焉」（つまり……なのである）と話者の判断が重ねられることで、游侠に対する評価を強調して読者に訴える句になっているわけです。

最後に返り点の練習です。

返り点

既已存亡死生矣、而不レ矜二其能一、羞レ伐二其徳一。蓋亦有二足レ多者一焉。

既《す》已《で》に存亡死生し、而も其の能を矜らず、其の徳を伐《ほこ》るを羞《は》ず。蓋《けだ》し亦《ま》た多とするに足る者有り。

以上で、この段の語法の説明は終わりです。前段の儒者だけでなく、游俠の徒も独自の長所を持つということを説明しています。語法と構成に注意して、始めの現代語訳に返って確認しましょう。

コラム① 表語文字

しばしば漢字は表意文字 ideogram と言われますが、正確には表語文字 logogram に分類されます。形・音・義が漢字の三要素とされるように、音もまた、漢字は表しているからです。ことばは意味と音とで成り立ちます。漢字はそれに目に見えるかたちを与えたものです。表音と表意とを兼ねているのですから、表語文字と称する方が妥当と言えます。

漢字は音と義、つまり語を表しますが、語形変化（格変化）を示すことはありません。また、日本語や韓国語のように、助詞によって格（構文上の役割）を示すわけでもありません。漢字は意味によって音を変えることがありますが、それも文字を見ただけではわかりません。「乱」のように、動詞として用いられているのか、それとも形容詞なのか、あるいは名詞なのか、判断に迷うことも少なくありません。第1日2aの解説にあるように、「……という状態にある」ことはわかりますが、その状態へと変化させるのか（他動詞）、変化しているのか（自動詞）、何かがその状態をともなっているのか（形容詞・副詞）、あるいは、その状態そのものを指すのか（名詞）、その語義はさまざまに展開します。

　複数の可能性を念頭に置いて文を読み、文脈や構文を理解し、語義を確定して全体を理解するのが、漢文の読法です。言い換えれば、あらかじめ意味や機能が決定された要素の積み上げによって読解するのではなく、多義的で可塑性のある要素を全体の文脈に照らして、最もよくはまるように、語義を定めていくのです。口頭でのコミュニケーションではコストがかかりすぎる方法かもしれませんが、文字を伝達の手段とすることで、そうした仕組みが可能になったとも言えるでしょう。そこが、日本の古文とも現代中国語とも違う漢文の難しさでもあり、おもしろさでもあります。

第３日　序（三）

「游侠列伝」の序の続きです。儒者と游侠のすぐれた点を述べたあと、司馬遷の意見が始まります。

現代語訳

そのうえ危急《ききゅう》というのは、誰しも時にはあることである。わたし太史公《たいしこう》が言う、むかし舜《しゅん》は井戸と倉を作っているときにひどい目に遭《あ》い、伊尹《いいん》は鼎《かなえ》と俎《まないた》を背負って苦労し、傅説《ふえつ》は傅険《ふけん》の地では名も無き労働者であり、呂尚《りょしょう》は棘津《きょくしん》の地で困《くる》しみ、管仲《かんちゅう》は手かせ足かせを加えられ、百里奚《ひゃくりけい》は牛飼いをしていたことがあり、孔子は匡《きょう》の地でおそろしい目に遭い、陳《ちん》と蔡《さい》の国では飢えた様子だった。この人たちはみな学者たちがいう「有道《ゆうどう》の仁人《じんじん》」であり、そうしてなおこのような災厄《さいやく》に遭うのに、まして人並みの才能で、乱世の末を世渡りしようとすれば、どれほど迫害に遭遇するか、すべて言い尽くすことなどできない。

続いて、訓読文です。

訓読文

且《か》つ緩急《かんきゅう》は、人《ひと》の時《とき》に有《あ》る所也《ところなり》。太史公曰《たいしこうい》わく、昔者《むかし》虞舜《ぐしゅん》は井廩《せいりん》に窘《くる》しみ、伊尹《いいん》は鼎俎《ていそ》を負《お》い、傅説《ふえつ》は傅険《ふけん》に匿《かく》れ、呂尚《りょしょう》は棘津《きょくしん》に困《くる》しみ、夷吾《いご》は桎梏《しっこく》、百里《ひゃくり》は牛《うし》を飯《か》い、仲尼《ちゅうじ》は匡《きょう》に畏《おそ》れ、陳《ちん》・蔡《さい》に菜色《さいしょく》あり。此《こ》れ皆《み》な学士《がくし》の所謂有道《いわゆるゆうどう》の仁人也《じんじんなり》。猶然《なおしか》も此《こ》の菑《わざわい》に遭《あ》えり、況《いわ》んや中材《ちゅうざい》を以《もっ》て乱世《らんせい》の末流《まつりゅう》を渉《わた》るを乎《や》、其《そ》の害《がい》に遇《あ》うこと、何《なん》ぞ勝《あ》げて道《い》う可《べ》けん哉《や》。

では原文を少しずつ区切ってみていきましょう。

原文① 且緩急、人之所時有也。

a　且緩急　且という字は、「几」というお供え用の器の足に二本の横棒、下の一は地面を表すとされ（『説文解字《せつもんかいじ》』）、何かを載せる、また添加することを表します。とりあえず置くことに重点をおくと「しばらく」（ひとまず、とりあえずの意）という訓となり、つけ加えて置く方に重点をおくと「かつ」（また、そのうえの意）となります。荻生徂徠《おぎゅうそらい》によると、前者は「マア」と訳し、後者は「ソノウエ」と訳すとよいとされます（『訓訳示蒙《くんやくじもう》』巻四）。ここでの「且」は、語や節の間に置かれ、その関係を示す「かつ」。強い添加ではなく、徂徠先生の言を借りれば、「カウシタ道理ガ有テ、ソノウヘカウシタ道理モアルト云フナドノ、『ソノウヘ』ナリ」、現代語では「それに」ぐらいに相当するでしょう。ちなみに『語法』10節には、副詞として「……すらかつ」とする用法が挙げられます。用法はやや異なりますが、いい機会ですからここも見ておきましょう。

緩急は本来「緩急をつけた投球」のように、緩いことと差し迫ったことです。ところが、漢語には「複義偏用《ふくぎへんよう》」という用法があり、ここでは「急」のみの意、つまり「危急」「差し迫ったこと」となります。

「複義偏用」（→『語法』42節A）とは、口調などの関係から、熟語の構成要素のうち、偏、つまり片方だけに重点を置く表現です。日本語でも「彼は、有ること無いこと言う人だ」という場合、非難されているのは「無いこと（事実でないこと）」を言う部分ですね。この種の用法の語には、異同・成《せい》敗《はい》・愛憎などがありますが、本来双方の意味を含んでいますから、両義的に用いられているのか、偏義的に用いられているのかは、前後の文脈から判断しなければなりません。

ここでは、人が「困難」に直面したときの対応が前後で議論されていますから、偏義的に「急」に重点を置いて読むのがよいわけです。

b　人之所時有也　人は具体的な特定の人ではなく、「やめられないことって、人にはあるよね」の

「人」、広く指します。所は「所＋〔動詞〕」のかたちで「〔動詞〕する対象」を表します（↓『語法』21節「所について」）。副詞としての時（に）には、その時に、ときどき・しばしば、しかるべき時に、などの意味がありますが、ここは「ときどき」でいいでしょう。「人には往々にして有ることなのである」となります。『語法』21節12の文例では「緩急人ハ之所㆓時ニ有ル㆒也」とするように、「緩急」の下の読点は無くてもかまいません。また、ここでは所と動詞の間に副詞が入っていますが、所の前に副詞が来る例が『語法』22節「副詞と「所」との位置」で説明されています。

ここまで短い文ですが、返り点をつけて読んでみましょう。

返り点

且緩急、人之所㆓時有㆒也。

且《か》つ緩急《かんきゅう》は、人の時に有る所也。

原文②

太史公曰、昔者虞舜窘於井廩、伊尹負於鼎俎、傅説匿於傅険、呂尚困於棘津、夷吾桎梏、百里飯牛、仲尼畏匡、菜色陳・蔡。

a　太史公曰　**太史公曰**は、司馬遷が歴史を、述べるのではなく論じるさいの決まり文句です。ここまでも司馬遷の議論ではあるのですが、全体を俯瞰《ふかん》して論じようとする態度がうかがえます。文字のならびを見ていただくと、「虞舜」「伊尹」「傅説」「呂尚」については、どれも六字句で動詞の下に「於」を使う構文も同じです。

b　昔者虞舜窖於井廩、伊尹負於鼎俎　**昔者**は、二字で「むかし」（→『語法』20節H）。**虞舜**は古代の帝王であった舜のこと。「虞」は舜が統治していた時代。舜は若いころ、父や継母に井戸さらいや倉の壁塗りをさせられ、生き埋めにされそうになったり、倉ごと燃やされそうになったりしました。**窖**は苦しむ、**廩**は広く倉《くら》。倉廩《そうりん》（穀物ぐら）ということばがあります。対比して区別すれば、倉は屋根がない穀物貯蔵所、廩は屋根があるものですが、単独で用いられるとどちらも「くら」の意味です。このような関係を「対異散同《たいいさんどう》」といいます（→『語法』40節）。文脈によって語義は変わると言われますが、そこにも法則があります。**伊尹**は殷《いん》の湯王《とうおう》に仕えた建国の功臣。**鼎俎**は、かなえ（足のついた鍋）とまな板。湯王に目通りするために最初は料理人として鍋やまな板をかついで近づいたというわけです。

「負於鼎俎」の**於**は、少し特殊な用法です。この前後の「於」が場所を示す普通の用法（→第1日2b）であるのに対し、ここは場所とは読めません。これは動作の対象（……ヲ）を明示する用法で、文章を整えるために使われます。「不㆑顧㆓於親㆒」（親を顧みない。日者列伝）、「君子博学㆓於文㆒」（君子はひろく文章を学ぶ。『論語』雍也）など、いずれも目的語を明示し、字句を（四字句に）整えるため「於」

を挿入したものです。

c 傅説匿於傅険、呂尚困於棘津　**傅説**《ふえつ》もまた殷の宰相。**傅険**は地名。傅巌とも表記されます。現在の山西《さんせい》省平陸《へいりく》県、黄河の三門峡《さんもんきょう》ダムのすぐ北側です。王の武丁《ぶてい》が夢で彼を見て捜させたところ、そこで土木工事をしていたと伝えられます。**呂尚**は、太公望《たいこうぼう》として知られます。**棘津**も黄河の渡し場の名、「津」は渡し場。現在の河南《かなん》省滑《かつ》県の西南ですが、黄河の流れが変わってしまい、現在の黄河からは少し離れています。呂尚は周《しゅう》の建国の功臣ですが、文王に見出される前は、渡し場の町で食べ物を売って生活していたそうです。のちに高位を得る偉人たちが苦労をしていたことを強調するわけです。

d 夷吾桎梏、百里飯牛、仲尼畏匡、菜色陳・蔡　以下は、四字句となります。**夷吾**は斉《せい》の桓公《かんこう》に仕えた管仲、**百里**は秦《しん》の穆公《ぼくこう》に仕えた百里奚《ひゃくりけい》、どちらも仕えた王を覇者たらしめるのに大きな功績がありました。管仲は「桎梏」（足かせと手かせ）に繋がれたことがあり、百里奚はもとは牛飼いで苦労したと、いずれも『史記』の列伝に記されます。

　そして**仲尼**《ちゅうじ》は孔子《こうし》の字《あざな》。**匡**は地名、現在の河南省長垣《ちょうえん》市、先ほどの棘津に隣接した場所です。そこで人違いで拘留されたことは『論語《ろんご》』にも見え、「陳」と「蔡」（どちらも現在の河南省から安徽《あんき》省附近にあった小国の名）のあたりで食糧に窮したと、これも『論語』衛霊公《えいれいこう》篇に見えます。**菜色**は、栄養失調のさま、野菜ばかり食べているから、という説明と、肌の色が青菜《あおな》のようだから、という説明があります。このとき弟子の子路《しろ》が孔子に向かって、「君子でも窮することがあるのですか」と気色《けしき》ばんだというくだりは、それへの孔子の答え、「君子固《もと》より窮す」とともに、場面を彷彿とさせる一節です。

さて、このように字数をそろえて歴史上の事柄、つまり故事を並べるのも漢文によく見られるものです。リズムがあるので覚えやすいという効能もあります。故事成語や四字熟語などにもつながり、あるいは歴史知識習得のためのテキストに発展したりなどしましたが、ここでは、同様の故事をたたみかけることで、議論を引きだすという効果がありそうです。リズムに注意しながら訓読と現代語訳の確認を終えたら、次に進みましょう。

返り点

太史公曰、昔者虞舜窘二於井廩一、伊尹負二於鼎俎一、傅説匿二於傅険一、呂尚困二於棘津一、夷吾桎梏、百里飯レ牛、仲尼畏レ匡、菜二色陳・蔡一。

太史公曰わく、昔者《むかし》虞舜《ぐしゆん》は井廩《せいりん》に窘《くる》しみ、伊尹《いいん》は鼎俎《ていそ》を負《お》い、傅説《ふえつ》は傅険《ふけん》に匿《かく》れ、呂尚《りよしよう》は棘津《きよくしん》に困《くる》しみ、夷吾《いご》は桎梏《しつこく》、百里は牛を飯《か》い、仲尼《ちゆうじ》は匡《きよう》に畏《おそ》れ、陳《ちん》・蔡《さい》に菜色《さいしよく》あり。

原文③ 此皆学士所謂有道仁人也、猶然遭此菑、況以中材而渉乱世之末流乎、其遇害、何可勝道哉。

a 此皆学士所謂有道仁人也 **此**は「彼」の対、「是」は「非」の対としておさえておくとよいのですが、どちらも前文を受けて「これ」と読む場合があります。ここの「此」もそうで、「是」を使ってもよいところですが、「此」は一つ一つを具体的に指し示し、「是」は包括的に示すという違いもあります。

学士は古くは貴族の子弟、南北朝以後は官名になりますが、ここでは読書人一般を指します。必ずしも学者先生に限りませんが、第1日2bに「学士多称於世云」というかたちで出てきたように、この文章では儒者を意識します。

所謂は「いわゆる」と日本語化して流してしまわないで、一歩立ち止まって考えてみましょう。「所＋〔動詞〕」で全体で「〔動詞〕する対象」という意味になります（↓『語法』10節）から、「儒者たちが言っている（対象のもの）」。**道**は人として進むべき道・道徳。**仁**は儒家に於ける最高の徳目。定義の難しいことばですが広く人を愛すること、仁愛としておきます。「有道の仁人」で「道徳を有する最高人格者」。

b 猶然遭此菑 **猶**はそれでもなお。それではすまない、片付かない意。**然**は、「如」是（かくのごとし）」という意味でした（↓第2日1b）。ここも「なおしかく」と訓読してもかまいません、「それでもこのように」。

遭は、予期せずにあうこと、よくないことによく用いられます。**菑**〈サイ〉は「災〈サイ〉」に音が通じて、わざわい（〈シ〉の音のときは荒田、荒地）。ちなみに天・自然が下すわざわい（火災）が「災」、人のなすわざわいが「難」「福」の対で被害を受けるわざわいが「禍」となります。

c　況以中材而渉乱世之末流乎　**況**は「いわんや……をや」（あるいは「まして」）と読み、程度や状況の進展を表し、「まして……ならなおさらだ」の意味となります（↓『語法』36節）。しばしば文末に語気を表す助詞「乎」や「耶」を置き呼応させますが、前後のつながりによっては省略されることもあります（訓読の「をや」も同様です）。ここは「況……乎」のかたちになっています。

中材は中くらいの才能。材は材力、材能、材士、材吏（腕利きの役人）というように「才」に通じます。**渉**「わたル」は「川（氵）」を「歩」いてわたることから、広く渡り歩くこと。**乱世**は乱れた世、**末流**は、ここでは、統治の及ばない社会。「乱世」という「末流」とする理解もあり得ますが、「乱世」の中でもさらに統治が及ばず秩序を失った社会と理解する方が文意には即しているでしょう。

d　其遇害、何可勝道哉　**遇**も思いがけなくあうこと。「遭遇」ということばがありますが、前に「遭」を使ったのでここでは重複を避けて「遇」を使っています。これも「対異散同」の例です（↓『語法』40節）。

何はなんで、どうして、という疑問から、反語になります。ここでは文末の**哉**と呼応しています。

こういう場合の「哉」は「!」とか「?」と頭の中で置き換えればわかりやすくなります。

次に順番は前後して**道**「いウ」の説明から。「いう」ということばにはいろいろあり、「言」「道」は意味内容のあることばをいうこと、「謂」は人にものを告げること、「云」は過去の言説や世人の言説(「富士山には神様がいるという」など)に用います。

勝は、普段使わない用法なので、ぜひ漢和辞典を引いてみてください。勝には、勝利、まさるという意味の他に、否定とともに用いて「あげて(全部、残らず)……ず」という訓があります。中国語ではこの二つの意味を声調(→コラム③)で分けますが、日本語ではともに〈ショウ〉の音なので紛らわしいですね。よく使われるのは「不レ可二勝数一」(勝《あ》げて数ふ可からず)、全部を数えることはできない、数えきれない、というかたちです。ここでは「何可勝道」ですが、反語ですから「不可勝道」と読み替えて、「すべてを言い尽くすことはできない」の意味となります。

原文は短いところでしたが、説明が長くなりました。今日はここまでです。それでは最後に返り点をつけて読んでみましょう。最初の現代語訳の確認も忘れないでください。

返り点

此皆学士所謂有道仁人也、猶然遭二此菑一、況以二中材一而渉二乱世之末流一乎、其遇レ害、何可二勝道一哉。

此《こ》れ皆《み》な学士の所謂《いわゆる》有道《ゆうどう》の仁人也《じんじんなり》。猶然《なおしか》も此の菑《わざわい》に遭《あ》えり、況んや中材を以て乱世の末流を渉《わた》るを乎《や》、其の害に遇《あ》うこと、何ぞ勝《あ》げて道《い》う可《べ》けん哉《や》。

第4日 序（四）

司馬遷の意見の続きです。前段で古代の聖人や名臣や孔子《こうし》のような人々でも災厄は避けられない、ましてや普通の人々は、と議論が発展していきます。

現代語訳

鄙賤《ひせん》な者が、「仁義など知ったことではない、人から利益を受けたら、その人を徳があるとするのだ」と言ったことがある。それゆえ伯夷《はくい》は周をきたない国だとして、首陽山《しゆようざん》で餓死したが、周の文王《ぶんおう》・武王《ぶおう》は、だからといって王の価値を下げることはなく、盗跖《とうせき》・荘蹻《そうきょう》は暴虐《ぼうぎゃく》であったが、その手下はその俠義《きょうぎ》を呼号《こごう》してやまない。このことから見ると、「鉤《おびがね》を盗みとる者は処刑され、国を盗みとる者は諸侯《しょこう》となり、その諸侯の門にこそ、仁義がある」とは、虚言《きょげん》ではないのだ。

いま学問にこだわり、あるいは自分の狭い正義を抱いて、いつまでも世の中で孤立しているのは、議論を卑俗《ひぞく》にし、世間に調子をあわせ、俗世と浮き沈みして、はなやかな名声をとるには及ばないではないか。しかも民間の者たちは、もし物の授受《じゅじゅ》や承諾をすれば、千里の遠方まで侠義を呼号し、そのために命をかけ世間を顧《かえり》みない。こうした行いもまた彼らのすぐれたところで、その場しのぎのものではないのである。ゆえに士人も追い詰められたときに游侠《ゆうきょう》の徒に命を委《ゆだ》ねることができるのであり、かれらはいわゆる賢者豪傑《けんじゃごうけつ》と同列の者ではないか。

続いて、訓読文です。

訓読文

鄙人《ひじん》に言《い》える有《あ》りて曰《い》わく、「何《なん》ぞ仁義《じんぎ》を知《し》らんや、已《すで》に其《そ》の利《り》を饗《う》くれば徳有《とくあ》りと為《な》す」と。故《ゆえ》に伯夷《はくい》は周《しゅう》を醜《しゅう》として、首陽山《しゅようざん》に餓死《がし》し、而《しこ》うして文《ぶん》・武《ぶ》は其《そ》の故《ゆえ》を以《もっ》て王《おう》を貶《おとし》めず。跖《せき》・蹻《きょう》は暴戻《ぼうれい》にして、其《そ》の徒《と》義《ぎ》を誦《しょう》すること窮《きわ》まり無《な》し。此《これ》に由《よ》りて之《これ》を観《み》れば、「鉤《こう》を窃《ぬす》む者《もの》は誅《ちゅう》せられ、国《くに》を窃《ぬす》む者《もの》は侯《こう》たり、侯《こう》の門《もん》に、仁義《じんぎ》存《そん》す」とは、虚言《きょげん》に非《あら》ざる也《なり》。

今《いま》学《がく》に拘《こだわ》り或《ある》いは咫尺《しせき》の義《ぎ》を抱《いだ》きて、久《ひさ》しく世《よ》に孤《そむ》くは、豈《あ》に論《ろん》を卑《ひく》くし俗《ぞく》に儕《ひと》しくし、世《よ》と沈浮《ちんふ》して栄名《えいめい》を取《と》るに若《し》かん哉《や》。而《しか》も布衣《ふい》の徒《と》は、設《も》し取予《しゅよ》然諾《ぜんだく》せば、千里《せんり》に義《ぎ》を誦《しょう》し、為《ため》に死《し》して世《よ》を顧《かえり》みず。此《こ》れ亦《ま》た長《ちょう》ずる所有《ところあ》り、苟《かりそ》めにして已《や》むに非《あら》ざる也《なり》。故《ゆえ》に士《し》 窮窘《きゅうきん》して命《めい》を委《ゆだ》ぬるを得《う》、此《こ》れ豈《あ》に人《ひと》の所謂賢豪《いわゆるけんごう》の間《かん》なる者《もの》に非《あら》ず邪《や》。

では原文を少しずつ区切ってみていきましょう。

原文① 鄙人有言曰、何知仁義、已饗其利者、為有徳。故伯夷醜周、餓死首陽山、而文・武不以其故貶王。跖・蹻暴戻、其徒誦義無窮。由此観之、窃鉤者誅、窃国者侯、侯之門、仁義存、非虚言也。

a 鄙人有言曰、何知仁義、已饗其利者、為有徳 **鄙人**の鄙は、もと郊外の小さな村の意。そこから、田舎じみた・俗な・いやしいという形容の語となり、鄙人で俗人・庶民となります。

有言曰以下のことばは同時代の他の書物には見えません。司馬遷の当時こういうことばがあったのか、周りでそういうことを言った人がいたのか、あるいは司馬遷が「俗人ならこう言うでしょう」と想定して書いたものかわかりません。

仁義は仁（仁愛）と義（道義）。**何知**は反語「どうして知ろう」→「知るわけがない」。反語は漢文読解の勘所、さまざまなかたちがあります（→『語法』35節D）。**已**は「すでに」と読んで、動作の完了を示します。**饗**〈キョウ〉は、後に目的語として人をとると「もてなス」、酒食をふるまう・ごちそうするの意ですが、後に利益恩恵に関する目的語を伴うと「うク」、「うけとる」と読むのがふつうです。『史記』でも前者「もてなす」の例として「饗二士卒一」（項羽本紀）、「季氏饗レ士」（孔子世家）など、後者「うく」の例として「百姓饗二其利一」（河渠書）、「饗二其徳一」（封禅書）など、区別が見られます。ですから饗を「（利益を）ふるまう」ととって、「已《すで》に其《そ》の利《り》を饗《きょう》する者《もの》は徳有《とくあ》りと為《な》す」（その利益をふるまってくれた者を徳があるとみなすのである）と読むのは無理があります。しかし饗を「うけとる」と読むと、「已饗其利者」が「その利益を受け取った者」となり、利益を受けた者＝有徳者となってしまい、文意が通じなくなりそうです。どうすればよいのでしょう。じつは「者」には「人」を指す場合以外に、「場合・条件」（……ときは、……ならば）を示すことがあるのです（→『語法』20節C）。唐の司馬貞もこの部分を「已受其利則為有徳（已に其の利を受くれば則ち徳有りと為す）」（利益を受け取ったならば、徳が有るとする）と解釈しています。「已者」は「であるのならそれで」という語気となるわけで、我々もこの解釈をとりましょう。徳があるかないかは、利益を与えてくれるか否かによって判断される、というわけです。なお、「何知仁義已、饗其利者、為有徳」のように句を切って、「已」を文末の語気助詞と取る解釈（「仁義など知るものか」）もありえますが、全体の文意は変わらないとしてよいでしょう。

b　故伯夷醜周、餓死首陽山　**伯夷**は殷末周初《いんまつしゅうしょ》の人。殷の暴政に周がクーデターを起こそうとしたのに反対し、弟の叔斉《しゅくせい》とともに首陽山（今の山西《さんせい》省永済《えいさい》市南の雷首山《らいしゅざん》。諸説あり）に逃げ隠れ、周の穀物を食べることを恥じて、薇《び》（山菜のゼンマイ。諸説あり）を食して餓死した義人と言われています（『史記』伯夷列伝）。「不食周粟（周の粟《ぞく》〔穀物〕を食《は》まず）」（不正な物資には手をつけない）ということわざがありますが、そのもとになった人物です。（→コラム②）

醜周は読みにくいところです。周という目的語をとっていますから醜は動詞ですね。「醜」〈シュウ〉は、鬼と、音を表す酉から構成され、まがまがしい憎むべきもの、悪いもの、というところから、「憎む・嫌う」という意味になり、また「羞」〈シュウ〉に通じて「恥じる」という意味にもなります。伝統的にこの部分は、「周を醜《にく》み」「周を醜《は》じ」「周に醜《は》じ」などいろいろ読まれてきました。いずれにせよ周をよくないものと見なすことですから、ここではそのまま「周を醜として」と訓読し、「周を悪い国だと考え」「周は汚いと思い」とここでは解釈しておきます。

c　而文・武不以其故貶王　**文・武**は周の文王と武王。**不以其故**は、その理由でもって……しない、だからといって……しない、の意。**貶王**も読みにくいところです。まず「貶王」の「王」を、文王・武王個人として解釈してみます。

その場合、「文・武」は提示語となり、「王を貶《おとし》む」（王に対して悪い評価をする、悪口を言う）と訓読して、「文王・武王について、だからといって文王・武王をそしることはない」となります。しかし「貶」の目的語が提示語と同じであれば「貶ㇾ之（之を貶めず）」でよいので、わざわざ「王」という意味がありません。

　では「貶王」の「王」をより広く「王位」として考えればどうでしょうか。「貶」の字には、「落とす（減らす）」という意味があります。そこから地位について「降格する」という意味になります。『孟子《もうし》』告子篇下《こくし》に「一不レ朝則貶二其爵一（一たび朝《ちょう》せざれば則ち其の爵《しゃく》を貶《おと》す）」（一回朝廷に出てこなければその爵位を下げる）とあります。「貶降《へんこう》」「貶黜《へんちゅつ》」は、いずれも位を下げるという複語です。しかし王に左遷はありません。退位のみです。そのように解釈するなら「王を貶《しりぞ》く」（王位を退く）と訓読することになります。もう一つ、「王」を「王位の価値」ととる考え方もあります。訓読は「王を貶《お》とさず」もしくは「王を貶《おと》めず」、本文の意味は「文王・武王はだからといって王位の価値を下げることはなかった」となります。こちらの方が文脈としては無理がないように思われますが、どちらにしても「王」は王その人でなく、王であるという事態・価値を指し示していることに注意してください。

d　跖・蹻暴戻　**跖**は、古代の大盗賊、盗跖《とうせき》、「跖」は「蹠」とも。**蹻**は、戦国の楚で兵力を振るった荘蹻《そうきょう》。荘蹻には雲南で王になったという伝説もありますが、『韓非子《かんぴし》』喩老篇《ゆろう》には、「荘蹻境内に盗を為して吏禁ずる能わず」とあり、『淮南子《えなんじ》』主術訓《しゅじゅつくん》には「蹠・蹻之奸」、同斉俗訓《せいぞくくん》には「盗蹠・荘蹻之邪」のように盗跖と荘蹻が並称されます。

　暴戻の「戻」は普通「もどす（る）」と読みますが、これは日本語的な用法。漢文では「もとる」と読むことが多い字です。旧字では「戾」で、犬が戸の下を身を曲げて出る様子を表し、そこから、まがる・もとる・そむく・ひねくれる・ひどい・はげしいなどの意味に広がります。道理にもとる（道理にそむいている）、などという言いかたもあります。

ここでは「暴」と対になり二字で、凶暴でひどいさま。このように上下同じ意味のことばをつなげて、一語で一つの意味を表す語を複語といいます。暴と戻の二つの意味に分けて解釈すると間違えますので注意しましょう（↓『語法』41節「複語」）。

e　其徒誦義無窮　**其**「そノ」は「盗跖・荘蹻の」。**徒**を訓読みすれば「ともがら」、同類の者・仲間。また門徒・弟子・門人と意味が広がります。**誦**は「朗誦」のように大声でとなえること、そこから称道、称揚すること。**窮**は、突き当たってとまること。それが**無**いのですから、「盗跖・荘蹻の輩は、（師匠の）侠義を呼号してやまないのである」。

f　由此観之　短い部分ですが、丁寧に見ましょう。「これよりこれをみれば」という訓読だけをみると、同義反復で意味がないように思えますが、原文を見れば構造がわかります。

由は「よる」という訓のように、もとづく・したがう・経る、という動詞として用いられ、また「より」と読めば、……から、……に沿って、……によって、という前置詞にもなります。**此**は「これ」。ですから「是」でも同じで、『荘子《そうじ》』胠篋《きょきょう》篇には「由レ是観レ之」というかたちも見えます。**観**は観察する、考察するでいいでしょう。

問題は**之**です。之にも「これ」という意味がありますが、この字には動詞の後に付いて形式目的語（意味のない目的語）になる場合があるのが特徴です。英語で「やった！」(I've got it!)、「やめなさい！」

(Stop it!) というときの「it」に近いです。日本語だったら「このことから考えてみれば」で、最後の「之」は書く必要はないのですが、漢文ではもし「之」をつけず「由此観」とすれば、「此の観に由る」とか「此の観より」などと違う意味に読まれてしまいますし、リズムとしても二字＋二字が整っていますから(「之」がないと「此観」と読みたくなるのも、二字でまとめて読みたくなる、という漢文の性質です)、かたちを安定させるために「之」が必要なのです。

g　窃鉤者誅、窃国者侯、侯之門、仁義存　『荘子』胠篋篇に見える句とほぼ同じ。**窃**は、ひそかに盗みとること。**鉤**は帯鉤《おびがね》、腰帯の留め金具。さまざまな装飾が施されたものですが、小さなものです。**誅**は責任を問うて罰すること、お仕置きをすること。「処刑」ということばが、本来刑に処すという意味なのに、多くは「死刑」の意味で使われるのと同様、「誅」も多くの場合、殺されることを含意します。

ところが、**国**を盗む者は**侯**になるわけです。「侯」は諸侯、日本でいうと大名に相当します。『荘子』では「彼窃鉤者誅、窃国者為諸侯」、こちらのほうが散文としては読みやすいのですが、『史記』はそれを切り詰めて四字句の対にしています。「為諸侯」を「侯」の一字に換えた効果は大きいと言えるでしょう。

「侯之門、仁義存」は、直訳すれば「諸侯の門には、仁義が存在する」、本来誰でもそれを行う人が有するはずの仁義が、諸侯の門にのみ存在する、ということは、「仁義は権力者の側に存在する」ということになります。「門」と「存」が韻を踏んでいるのも効果的です。『荘子』では「諸侯之門而仁義存焉」となっています。こちらは「而」や「焉」といった助詞（語句の関係や働きを表すことば）が効いています。諸侯の門であってこそ、仁義はそこに存在するということだ、という口調でしょう。こうした字句の異同を考えるのも、漢文読解の力を養うことにつながります。

h 非虚言也　**虚言**は、うそ。仁義は必ずしも公正に運用されているわけではない、という『荘子』のこの主張は、うそや根拠なく言われていることではない、と言っています。

以上は『史記』伯夷列伝の内容とほぼ重なるところで、そこでは司馬遷の有名なセリフ「余甚《ダ》惑《エリ》焉。儻《あるイハ》所謂《いわゆる》天道、是邪《か》非邪《か》」（私はとても困惑している。ことによるといわゆる天道なるものは、正しいものなのか、間違ったものなのか）につながる部分です。

説明が長くなりました。それでは最後に返り点をつけて読んでみましょう。

返り点

鄙人有レ言曰、何知二仁義一、已饗二其利一者、為レ有レ徳。故伯夷醜レ周、餓二-死首陽山一、而文・武不下以二其故一貶上王、跖・蹻暴戻、其徒誦レ義無レ窮。由レ此観レ之、窃レ鉤者誅、窃レ国者侯、侯之門、仁義存、非二虚言一也。

鄙人に言える有りて曰わく、「何ぞ仁義を知らんや、已《すで》に其の利を饗《う》くる者徳有りと為す」と。故に伯夷は周を醜として、首陽山に餓死し、而うして文・武は其の故を以て王を貶《おとし》めず、跖《せき》・蹻《きょう》は暴戻《ぼうれい》にして、其の徒義を誦すること窮まり無し。此に由りて之を観れば、「鉤を窃《ぬす》む者は誅せられ、国を窃《ぬす》む者は侯たり、侯の門に、仁義存す」とは、虚言に非ざる也。

原文②　今拘学或抱咫尺之義、久孤於世、豈若卑論儕俗、与世沈浮而取栄名哉。

a　今拘学或抱咫尺之義　**今**は本当に「現在」の状況を意味する場合と、「いま仮に」と仮定を表す場合があること、現代日本語と同じです（→第2日1ａ）。

拘は手を鉤《かぎ》のようにして、物を引っ掛けてとどめる意。とどめる・とらえる・こだわる、などと訓じますが、ある種の制限をかけることで、ここでは学問によって制限されることです。

咫尺は距離が短いこと。古代周の制度では、八寸が咫《し》（約十八センチ）、十寸が尺《せき》（約二十二・五センチ）。そうした至近の距離です。そこから狭いこと、ちっぽけなことを表します。度量衡の単位を使った類似の複語に、「尺寸《せきすん》」「斗斛《とこく》」「升勺《しょうしゃく》」などがあります。漢和辞典で確認しておきましょう。以上、

「学問に拘泥《こうでい》し、自分の狭い正義を守って」。

b　久孤於世　「久しく世に孤たり」（世の中で孤立している）と読んでもよいのですが、「久しく世に孤《そむ》く」（世の中に背を向ける）と読み慣わされています。**孤**は父のいない孤児。他との関係から離れてしまうことから、孤立する・そむく・裏切るとなったと考えられますが、また、漢字音が「辜」（コ。つみ・そむく）と通じるからとも説明されています。意味はいずれにしても変わりません。

c　豈若卑論儕俗、与世沈浮而取栄名哉　**豈若……哉**（豈《あ》に……若《し》かん哉《や》）は、「豈」が反語になると「不」と同義になるため、「不レ若」（しかず）と解釈するとわかりやすいです（→『語法』31節G）。ただし否定を用いていませんので婉曲《えんきょく》になります。「……には及ばない（のではないか）」「……した方がよい（のではないか）」。**卑**は、いやしい（地位が低いこと）から、低い・低くする。**儕**は「ともがら」と訓じて仲間の意から、なかまとする、（相手に）あわせる。ここではいずれも目的語をとっていますから「ひくくす」「ともがらとす」という動詞で読んで、「議論を低くして俗人にあわせ」。**与**は前置詞で英語のwithに相当します、「……と」。**沈浮**は、流れに沿って浮き沈みすることから、『史記』では世俗に流されていく意でよく使われます。**栄**は花の意、はなばなしい。「栄名」で、栄誉ある名、華やかな名声。

まとめれば、「学問に拘泥し、自分の狭い正義を守って、久しく世に背《そむ》けて生きるくらいなら、世の中とともに浮き沈みして、華やかな名声を得た方がよいではないか」ということになるでしょう。

それでは、ここまでの訓読を確認しておきましょう。

返り点

今拘レ学或抱二咫尺之義一、久孤二於世一、豈若下卑レ論儕レ俗、与レ世沈浮而取中栄名上哉。

今学に拘《こだわ》り或いは咫《し》尺《せき》の義を抱きて、久しく世に孤《そむ》くは、豈に論を卑《ひく》くし俗に儕《ひと》しくし、世と沈浮して栄名を取るに若かん哉《や》。

原文③

而布衣之徒、設取予然諾、千里誦義、為死不顧世。此亦有所長、非苟而已也。

a　**而布衣之徒、設取予然諾**　**而**は前段を受けます。前後関係から「しかして」（それで）よりも、「しかも」（そのうえ）と読んだ方がよいところです。**布衣**は、庶民が着る布製の粗末な衣服から、平民・官位のない者のこと。忘れかけていますが、これは民間の侠者の話でした。

設は仮定で「もし」。「かりに」と読んでもかまいません。若・如・即などと比べるとなじみが薄いかもしれません（→『語法』29節C・D）。この「設」を「重んじる」と解することもありますが、例えば「教育となると、お金を惜しまない」と「教育を重視して、お金を惜しまない」のような違いで、意味はつながっていると考えてよさそうです。

取予は、取ることと与えること。「予」は「与」に通じ「あたえる」。「与奪《よだつ》」は「予奪」とも書きます。

然は、動詞で「しかりとす」と訓読しますが、「その通り」といって、相手の語へ承諾することです。**諾**は第2日2aの「已諾必誠」で説明しましたが覚えているでしょうか。然と諾、ともに肯定の応答の語で複語です（→『語法』41節）。「もし物事の授受と承諾を行うようなことがあれば」。

b　千里誦義　**千里**は当時の度量衡で約四百キロですが、そういうことではなく遥かな遠方の喩え。遠く離れたところのものを見られる「千里眼」ということばもありますね。**誦義**は第4日1eで出てきたのでご確認を。「千里の遠方まで俠義を呼号し」。

c　為死不顧世　ここは漢文を読み慣れていても立ち止まるところです。**為**は前置詞として「……の為《ため》に」、動詞として「為《な》す」。「死を為す」と言えないこともないですが、そんな言い回しをしなくても、**死**は「死す」という動詞になれますから、ここでは前置詞として解釈しましょう。すると、この「為」が前置詞として受けるのがどこかで、意味が変わってきますが、その中から文脈にあったものを選ぶわけです。次のような解釈がそれぞれ可能です。

目的語＝死→「死の為に世を顧みず」（死ぬことのために世の中を顧みない）×

目的語＝死不顧世→「死するも世を顧みざるが為に」（死んでも世の中を顧みないために）×

目的語＝∅（無し）→「為に死するも世を顧みず」（〔義の〕ために死んでも世の中を顧みない）○

前の二つは文脈が通りません。最後の例、前置詞なのに続くものがないのはひどいじゃないか、と思われるかもしれませんが、漢文ではしばしば前置詞の目的語が明らかな場合、省略されます。ここではずっと「義」の話をしていますから、それを補充して「義のためには命も投げ出す」という解釈が一番通ります。

d　此亦有所長　「また」と訓じる副詞には、亦〈エキ〉（もまた、too, also）、又〈ユウ〉（加えて・さらに、in addition to）、復〈フク〉（ふたたび、again）などの語がありました（→第1日4d・『語法』10節）。三回目の説明ですので、もう大丈夫でしょう。**長**［ちょうズ］は「長所」の長、すぐれていること。「こうした行いにもまた彼ら（民間の侠者）のすぐれたところがあって」。

e　非苟而已也　**苟**は「苟《いやし》くも」と訓じ「かりにも」というのはおなじみですが（→『語法』29節C21）、「苟《かりそ》めにす」と訓じて「一時しのぎで間にあわす」「いい加減にする」という動詞にもなります。「苟《いやし》くもす」と読んでも同様の意味です。**已**［やム］は、停止する・終わりにする。「適当にやって終わりにする、というものではないのである」。一方で、**而已**は、そこで停止して先には進まない・それで終わり・それだけ、ということから、「……（する）のみ」と読んで文末に置かれることがしばしばあります。また、「非……也」は「……ではないのである」という句型ですから、組み合わせれば「苟《かりそ》めにする而已《のみ》に非ざる也」「一時しのぎにやっただけではないのである」とも読めます。意味に大きな違いはありません。

「而已」に「矣」をつけて、強い断定の「而已矣」となることがありますので、ここもその例だとすれば、「非レ苟而已也（苟くもするに非ざる而已《のみ》也）」とも読めそうです。しかし、『史記』の用例を調べてみると、13例ある「而已矣」には「非」と結びつく句がありません。それに対して「而已也」で結ぶ5例はすべて「非」と組み合わされます。

「太史公自序」の「春秋采レ善貶レ悪、推二三代之徳一、褒二周室一、非二独刺譏而已一也（春秋は善を采《と》り悪を貶《おとし》め、三代の徳を推し、周室を褒《ほ》む、独《た》だに刺譏する而已《のみ》に非ざる也）」（『春秋』の書は善を称え悪を貶め、夏・殷・周三代の徳を推称し、周の王室を褒めるのであって、ただそしるだけではないのである）のように、「而已」を強調する「独」「たダニ」がつく例もあります。少なくとも『史記』の文章では「而已」の後の「也」は「而已」を強めるというよりは「非」を受けているとしてよさそうです。

さて、それとは別の面からも、この句は考察できます。

「貨殖《かしょく》列伝」には戦国時代の周（洛陽近辺）の人である白圭が商機をつかむのに巧みであったことを述べた一段があり、「蓋天下言治生祖白圭、白圭其有所試矣、能試有所長、非苟而已也（蓋し天下に治生を言うは白圭を祖とするは、白圭《はくけい》は其れ試みる所有り、能く試みるに長ずる所有れば、苟くもする而已に非ざる也）」と結ばれています。「游侠列伝」の「此亦有所長、非苟而已也」とよく似ています。直前の「其有所試矣」は、『論語』衛霊公篇の「吾之於人也、誰毀誰誉。如有所誉者、其有所試矣（吾の人に於けるや、誰をか毀《そし》り誰をか誉《ほ》めん。如《も》し誉むる所有る者、其れ試むる所有り）」（私は人に対して、非難したり褒めたりはしない。褒めることがあるとすれば、実際に試したからである）という節にもとづいていています。となると、「貨殖列伝」の文は、「思うに天下で生業を語るとなれば白圭を祖とするが、それは白圭が実際にやったことがあり、その上にすぐれていたからで、適当に扱ってよいことではないのである」と解釈できるかもしれません（一般には、祖とする、で切って、白圭がいい加減にやったのではない、と解されます）。『論語』は人を評価する前提として「其有所試矣」と言います。白圭についてもそうだとすれば、「非苟而已也」は、白圭が商売の祖とされるのも、根拠のあることなのだ、となります。「游俠列伝」が同じ文脈だとすると、「民間の俠者についても、すぐれたところがあり、いい加減に扱ってよいことではないのである」と解する見方が浮かんできます。さらに「苟而已」が『論語』子路篇の「君子於其言、無所苟而已矣（君子は其の言に於いて、苟くもする所ところ無き而已《のみ》）」（君子は自分のことばに対して、いい加減にすませたりはしないものだ）を意識しているとするなら（『史記』孔子世家はこのことばを引いています）、もしかすると、ここには司馬遷の游俠に対する態度表明がこめられているのかもしれません。

「非苟而已也」は、白圭や「布衣之徒」が、自分の特質を真剣に生かしていることを言うとする解釈でここは通じますが、より広い視野で考えると、「貨殖列伝」や「游俠列伝」を立てたのも「苟而已」ではないという史家の声を聞き取ることもできるのではないでしょうか。

それでは返り点をつけてみましょう。

返り点

而布衣之徒、設取予然諾、千里誦レ義、為死不レ顧レ世。此亦有レ所レ長、非二苟而已一也。

而《しか》も布衣の徒は、設《も》し取予然諾せば、千里に義を誦し、為《ため》に死して世を顧《かえり》みず、此れ亦た長ずる所有り、苟《かりそ》めにして已むに非ざる也。

原文④ 故士窮窘而得委命、此豈非人之所謂賢豪間者邪。

a 故士窮窘而得委命　**故**［ゆえニ］は、そういうわけで。**士**は、士人・読書人ですが、前述のように、社会階層としての「士」は、統治階級の下層に位置しますので、必ずしも権力の保護を受けない場合があります。**窮窘**は、窮は行き詰まって困る、窘は圧迫されて困る、要するに困る、苦しむという意の複語（→『語法』41節）です。また漢字音（字音仮名遣い）で考えると「キウ・キン」（kiu-kin）と声母（頭の子音）がkで揃えられて、リズミカルなオノマトペ（擬音語・擬態語）にもなっています。このような熟語を「双声《そうせい》」と言います（→『語法』37節）。困っている様子を表す（「ヨレヨレ」？）複語であり、双声であるわけです。

得は可能、**委**は「委ねる」「大の大人が困窮したときに命を任せることができるのである」。

b　此豈非人之所謂賢豪間者邪　少し長いですが、細かく見ていきましょう。

此は、前の内容を受けて、これは。**豈非……邪**（豈《あ》に……に非《あら》ざらんや）は、「どうして……でないことがあろうか」「……なのである」と、論者の評価や判断を示す言い方であるという枠組みを押さえておきましょう。

人之所謂賢豪間者は、「A之所謂B者」のかたちです。これは「Aの謂う所のBなる者」と読んでも、「Aの所謂《いわゆる》Bなる者」と読んでも意味は変わりません。Aが言っている（称している）対象がBだという意味で、「AがBと呼ぶ（称する）もの」になります（→第3日3a・『語法』10節）。

さて、ここでもし原文が「人之所謂賢豪者」であったなら、解釈は簡単です。「人が賢豪と呼ぶ者」になります。しかし原文は、**賢豪間**となっているので、とたんに難読となってしまいます。原文に即して直訳すれば「人が「賢豪間」と呼ぶ者」、これはいったい何なのでしょう。「賢人と豪傑との中間的性質の存在」なのか、「賢人や豪傑たちの中間にいる存在」なのか。

江戸の儒学者中井《なかい》履《り》軒《けん》も困ったのでしょう、「間」は衍字《えんじ》（余分で不要な字）ではないかと疑っています（『史記雕題集《しきちょうだいしゅう》』）。前述のように、これならすっきりいきそうですが、問題があります。侠は、必ずしも賢豪ではないのです（賢豪は地域社会に根ざしているが、游侠はそうではない）。

古人もここは解釈に窮したのでしょう、「間」を「聞」に作るテキストもあります。その場合は「賢豪の聞こえ（名声）」となりますが、游侠が賢豪の名声を得る、というのは少しおかしい（「賢豪並みの名声」ということでしょうが）ですし、「賢豪聞」は他に用例を見ない言い方です。

ではどう解釈するべきか。難しい問題ですが、本書の最終日に「此盗跖居民間者耳」（大盗賊の盗跖が民間にいるようなものにすぎない）という表現が出てきます。同様にここは「居賢豪間者」と同義であると考えてみればどうでしょう。賢人や豪傑たちと交わる者、あるいは賢豪と同等の者ということになります。『史記』滑稽列伝には、東方朔《とうぼうさく》が「私どもは世を避けて（山中ではなく）朝廷にいるといわれるものです」と言う場面があり、原文は「所謂避世於朝廷間者也」です。これも参考になるかもしれません。

長くなりました。古典ではたった一字で解釈が非常に難しくなることがある例として、踏みこんで考察してみました。もっとよい解釈があれば、ぜひご教示ください（→漢文談義③）。

それでは最後に返り点をつけて読んでみましょう。

返り点

故士窮窘而得レ委レ命、此豈非二人之所謂賢豪間者一邪。

故に士 窮窘《きゅうきん》して命を委《ゆだ》ぬるを得《う》、此れ豈に人の所謂《いわゆる》賢豪の間なる者に非ず邪。

最初の現代語訳の確認もお忘れなく。

コラム② 粟と薇

伯夷と叔斉が周の粟、つまり穀物を食べずに薇《び》を食べたという逸話には、なかなか興味深いところがあります。穀物は農業生産物だから周の行いが正しかろうがそうでなかろうが関係ないのではと考えるのは現代的な感覚で、古代においては、穀物は畑で育てられ、その畑は周の国土に属していますから、作っているのが誰であろうと「周の粟」ということになります。それだけではありません。そもそも農業というシステムが、古代においては最先端の文明であって、それを維持管理するのも国家の重要な役目だったのです。畑で生産される穀物は、文明の象徴です。仙人修業の一つに、五穀を食らわずというのがありますが、これも、文明を拒否するがゆえの行為です。現代なら自然食の範疇《はんちゅう》に入るでしょうか。ちなみに、仙人は織物製品も身に着けないことが多いですね。獣皮とか草や木の葉とかをまとって現れます。織物は、木綿にせよ絹にせよ、やはり畑が必要です（絹は、桑畑で蚕を育てて、蚕の繭から糸を紡ぐという高度な技術が求められます）。文明に属するものなのです。そして文明の管理は、古代では国家が担っていました。

さて、なぜ薇なのでしょうか。山に自生している植物全般を指していて、必ずしもわらび・ぜんまいではないという考え方もあり、他の植物を指しているという説もありますが、私（S）は、薇が根にでんぷん質を蓄えていることが関係しているのかも、と想像しています。ええ、そうです、わらび餅です。わらびから採れるわらび粉だけで作られるわらび餅は現在では希少ですが、作られてはいます（おいしいです）。もちろん伯夷と叔斉が薇からわらび餅を作ったという記述はなく、その可能性も低いとは思いますが、でんぷん質が含まれているがゆえに「粟」の代わりになった、あるいは古代ではわらびやかたくり、葛《くず》など、山野に自生してでんぷん質を蓄える植物が栄養源になったのかもしれない、と考えてみたくなります。葛は繊維を織れば衣服になりますから、そういう意味でも重宝されたのかもしれません。

『史記』では、伯夷と叔斉は薇では足りずに餓死したように読めますが、草木だって周の国土に生えているものではないかと野の婦人に言われて何も食べなくなったから、という『史記索隠《しきさくいん》』（→コラム④）が引く説もあります。『太平御覧《たいへいぎょらん》』が引く『三秦記《さんしんき》』には、薇を食べて三年間、顔色も変わらず、それを武王が戒めたところ、絶食して死んだ、とあります。まさに諸説あるわけです。

伯夷と叔斉は文明と国家から距離を置こうとした人物と見なせます。にもかかわらず、『史記』は列伝の最初に彼らの事跡を置いています。游俠に対する態度といい、『史記』の奥深さがうかがえます。

第5日　序（五）

さらに司馬遷は游俠の価値を論じ続けます。まず訳文を読んでみましょう。

現代語訳

もし民間の俠者と、（民間で困窮した儒者の）季次《きじ》や原憲《げんけん》とで権勢や能力を比較すれば、当世に功績をもたらすという点で、民間の俠者が比較にならないほどすぐれている。要するに功績が顕著でことばに信義があることから言えば、俠客の義は、軽視できないはずだ。

古の身分の低い俠者については、聞き及ぶことができない。近い時代の延陵《えんりょう》の季札《きさつ》や孟嘗君《もうしょうくん》、春申君《しゅんしんくん》、平原君《へいげんくん》、信陵君《しんりょうくん》などの人物は、みなが国王の親族であるために、封土《ほうど》と高位による豊かさを頼りに、天下の賢者を招き、諸侯の間で名を挙げ、賢者でないとするわけにはいかないが、言うなれば追い風に乗せて声を出すようなもので、声が急速さを増したわけではなく、風の勢いが声を遠くまで届かせたのである。
市井《しせい》の俠者が、行いを正しくして名をみがき、名声が天下にゆきわたり、誰もに賢であると称《たた》えられるようになるのは、なかなかできないことであるが、けれども儒家《じゅか》も墨家《ぼくか》もみな彼らを排除して書物に載せなかった。秦《しん》より前の身分の低い俠者については、埋もれてしまい知られていない、私はたいへん残念に思う。

訓読文も見ましょう。

訓読文

誠使《も》し郷曲《きょうきょく》の俠《きょう》、季次《きじ》・原憲《げんけん》と権《けん》を比《くら》べ力《ちから》を量《はか》らば、功《こう》を当世《とうせい》に効《いた》すこと、日《ひ》を同《おな》じくして論《ろん》ぜず。要《よう》するに功見《こうあらわ》れ言信《げんしん》あるを以《もっ》てすれば、俠客《きょうかく》の義《ぎ》、又《ま》た曷《なん》ぞ少《しょう》とす可《べ》けん哉《や》。
古《いにしえ》の布衣《ふい》の俠《きょう》は、得《え》て聞《き》く靡《な》き已《のみ》。近世《きんせい》の延陵《えんりょう》・孟嘗《もうしょう》・春申《しゅんしん》・平原《へいげん》・信陵《しんりょう》の徒《と》は、皆《み》な王者《おうじゃ》の親属《しんぞく》に因《よ》り、有土《ゆうど》卿相《けいしょう》の富厚《ふこう》に藉《よ》り、天下《てんか》の賢者《けんじゃ》を招《まね》き、名《な》を諸侯《しょこう》に顕《あらわ》す、賢者《けんじゃ》ならずと謂《い》う可《べ》からざれども、比《たと》えば風《かぜ》に順《したが》いて呼《よ》ぶが如《ごと》く、声疾《こえはや》きを加《くわ》うるに非《あら》ずして、其《そ》の執《いきお》い激《げき》すれば也《なり》。

閭巷《りよこう》の俠《きよう》の、行《おこな》いを修《おさ》め名《な》を砥《みが》き、声天下《こえてんか》に施《およ》び、賢《けん》と称《しよう》せざるもの莫《な》きが如《ごと》きに至《いた》りては、是《こ》れを難《かた》しと為《な》す耳《のみ》、然《しか》るに儒《じゆ》・墨《ぼく》皆《み》な排擯《はいひん》して載《の》せず。秦自《しんよ》り以前《いぜん》、匹夫《ひつぷ》の俠《きよう》、湮滅《いんめつ》して見《あらわ》れず、余《よ》甚《はなは》だ之《これ》を恨《うら》む。

原文を区切りながら、とりくんでみましょう。

原文① 誠使郷曲之俠、予季次・原憲比権量力、効功於当世、不同日而論矣。要以功見言信、俠客之義、又曷可少哉。

a　誠使郷曲之俠　**使**はもともと使役ですが、「もし……させたとしたら」の意で、仮定に転じることがよくあります。**誠**は、仮定を強調していますから、「誠《まこと》に……せ使めば」と訓読してもよいのですが、「誠《まこと》に使《も》し」、ここではわかりやすく二字で「誠使《も》し」と読みました。助詞の二字連用で仮定を表したかたちです（→『語法』29節「仮定」D）。

郷曲の「曲」は、曲がりくねったところ・入りくんだところ・町の片隅・辺鄙な場所。郷曲で複語（→『語法』41節）となり、郷里・片田舎。

b　予季次・原憲比権量力　**予**は、古来読みにくく、「与」（……と）に作るテキストがあると多くの注で指摘されています。**季次**（公皙哀《こうせきあい》の字《あざな》）、**原憲**（字は子思）は前出（→第1日4a）。仕官せず、民間で困窮した儒者でした。

比権量力の訓読は「権を比《くら》べ力を量《はか》り」ですが、「権威については比べあい、力については計る」と解釈すると正しくありません。これは「比㆓量権力㆒」（権・力を比量す）を二つに分けて互い違いに言ったもので、「互文《ごぶん》」という修辞方法です（→『語法』42節B）。「季次・原憲と権勢・能力を比べあった場合」。

c　効功於当世　**効**は普段日本語では「きく」という訓しか使わないと思いますが、別に「いたす」という訓があり（致とほぼ同義です）、ささげる・力を尽くすという意味があります。「功績を当世にもたらした（ということでは）」。

d　不同日而論矣　「同日《どうじつ》の談ではない」という言い回しをご存じの方も多いでしょう。「同日語」「同日而言」「同日而道」いずれも同じで、ほぼ否定語と一緒になり、同時には議論できない、同じ次元で語ることはできない、同じ扱いはできないという意味になります。「はるかに民間の俠者の方がすぐれている」。文末の**矣**は、ここでは書き手の結論を表し、「ということになる」。

e　要以功見言信　**要**［ようスルニ］は、概括すると。**功見**の功は無生物主語であるのに「功績が見《み》る」というのはおかしい。そこで辞書を引くと「見」には「あらわる」という自動詞の訓がありました。**信**は嘘をつかないこと、言ったように行うこと。「要するに功績が現れことばが実行されるという点では」。

f　侠客之義、又曷可少哉　**又**は「付け加えて」の「また」でしたが、否定文や反語文では強調にも使われます。**曷**〈カツ〉は「何」と音が近く（現代中国語音ではどちらもhé、日本の漢字音ではどちらもkで始まり、古代でも字音が似ていました）通用します。「又曷可……哉」で「どうして……してよいはずがあろうか」、そんなはずはない、と強く言います。**少**は、「少とす」と読み、軽視する・不満に思う・そしる、などの意味になります。「多とす」の反対です（→第2日3c）。「侠客の義は、軽視してよいはずがない」。

それではここまで返り点をつけて読んでみましょう。

返り点

誠使郷曲之俠、予二季次・原憲一比レ権量レ力、効二功於当世一、不二同レ日而論一矣。要以二功見言信一、俠客之義、又曷可レ少哉。

誠使《も》し郷曲の俠、季次・原憲と権を比《くら》べ力を量《はか》らば、功を当世に効《いた》すこと、日を同じくして論ぜず。要するに功見《あらわ》れ言信あるを以てすれば、俠客の義、又た曷《なん》ぞ少《しょう》とす可《べ》けん哉《や》。

原文②

古布衣之俠、靡得而聞已。近世延陵・孟嘗・春申・平原・信陵之徒、皆因王者親属、藉於有土卿相之富厚、招天下賢者、顕名諸侯、不可謂不賢者矣、比如順風而呼、声非加疾、其執激也。

前段までは平民の侠者についてでしたが、本段では有力な侠者について語られます。

a　古布衣之俠、靡得而聞已　**布衣**は前出（→第4日3a）で、平民・官位のない者。**靡**〈ビ〉は［なシ］「無」と音が近いことから物や事がないことを表します（→『語法』33節Dg）。**得而**は「得てして」と読みたくなりますが、普通「得て」と読み、而の字を読みません（読んでもよい）。日本語の「得てして」は「……する傾向がある。ややもすると」という意味ですが、漢文では二字で「得」と同じ「……できる」の意となりますので注意しましょう。**聞**は、ほぼ英語のhearで、耳にする。「聴」がほぼ英語のlistenで、注意して聞く、と区別があります。**已**は停止する、それ以上いかないことから、「……のみ」という意味になることは第4日3eで学びましたが、「だけだ」（限定）は、時として「である」（断定）に発展します。ここでも「耳にすることができないだけだ」でもいいのですが「できないのである」とするとこなれた訳文になります。

b　近世延陵・孟嘗・春申・平原・信陵之徒、皆因王者親属　**近世**は歴史区分の近世ではなく、近い時代。**延陵**は呉王の公子（王の子）で、延陵に封ぜられた季札。**孟嘗・春申・平原・信陵**は、いわゆる戦国四公子、それぞれ斉《せい》の孟嘗君・田文《でんぶん》、楚《そ》の春申君・黄歇《こうあつ》、趙《ちょう》の平原君・趙勝《ちょうしょう》、魏《ぎ》の信陵君・魏無忌《ぎむき》。最初の季札が、戦国四公子と並称されるのは異例で、「延陵」は衍字《えんじ》ではないかとする学者も古くから多くいますが、すぐれた公子という点ではまとめられます。**因**は理由を示します。**親属**は親族。つまり「皆因王者親属」は「（以上の公子は）みな王の親族だという理由で」。

c　藉於有土卿相之富厚　**藉**［よル］は「かる」（かりる）とも訓じて、頼る・依るの意。**於**は場所を表す汎用の前置詞、in, on, at, into, from, to 何にでも使えます。「藉於……」で「……に頼って」。**有土**は、土地を領有するということから、封地《ほうち》（領地）。**卿相**、卿も相も大臣を表す複語です。ちなみに大臣を表すときは「相《しょう》」と読みます。「領地や大臣の地位による富の豊かさを頼みに」。

d　招天下賢者、顕名諸侯　**賢**は日本語では「かしこい」と使われますが、漢文ではそれは「知」とか「智」と書かれます。「賢」は徳と才能を兼ね備えて立派なことですから、「賢者」はすぐれた、立派な人物。ここまで「天下の賢者を招き」。

顕［あらわス］は、あきらかにする、はっきりさせる、知れ渡らせる。次を「名諸侯」（立派な諸侯）ととると、「名諸侯を顕彰する」で意味が通りません。「顕名於諸侯」を文章のリズムを整えるために「於」を省略したのがここのかたちです。「名声を諸侯の間に知れ渡らせた」。

e　不可謂不賢者矣　**不賢者**は、つまらない人物。**不可謂**、「と言うことはできない」。文末におかれる**矣**は、断定や完了を示しますが、すでにそうである、決まったことである、という語気から、そこまでは当然であるが、とか、それは言うまでもないにしても、というふうに後に続く場合があります。ここの「矣」もその例と言えます。

以上、「つまらない人物だということは当然できない（が……）」。

f　比如順風而呼、声非加疾、其埶激也　**比**は二つのものを並べて比較する意。**如**と連なり、「比ぶれば……の如《ごと》し」、あるいは短く「比《たと》えば……の如し」のように訓読します。**順風**以下は、『荀子《じゅんし》』勧《かん》学《がく》篇の「順レ風而呼、声非レ加レ疾也、而聞者彰」（〔風上から〕風に乗せて呼べば〔声が遠くまで伝わり〕、声が速さを加えたのでないのに、聞くものははっきりとわかる）にもとづきます。**順**［したがウ］は、流れなどに沿うこと・方向を同じにすること。**疾**はもと伝染病の意、それがすぐに伝染することから、ここでは速さと勢いを表します。**其埶激也**は現行の『荀子』にはなく、『荀子』の逸文か司馬遷の補足かはわかりません。

埶は見慣れない字ですが、古い文献によく使われます。「埶」を含む字に「勢」や「藝」がありますが、古代の字書『説文解字《せつもんかいじ》』には収められておらず、すべて「埶」と書かれていたのだと考えられます（段玉裁《だんぎょくさい》『説文解字注』）。「勢」や「藝」のように文字の構成要素を加えて意味をはっきりさせたものを「繁文《はんぶん》」（または「増文《ぞうぶん》」）といい、逆に構成要素を減らして省略して書いたものを「省文《しょうぶん》」といいます（→『語法』38節「文字の繁省」）。ここでは「埶」は「勢」と同じ意味です。以上、「たとえば追風に乗せて呼ぶようなもので、声が速度を増したのではなく、風勢が後押ししたのである」。

それではここまで返り点をつけて読んでみましょう。

返り点

古布衣之俠、靡㆓得而聞㆒已。近世延陵・孟嘗・春申・平原・信陵之徒、皆因㆓王者親属㆒、藉㆓於有土卿相之富厚㆒、招㆓天下賢者㆒、顕㆓名諸侯㆒、不㆑可㆑謂㆑不㆓賢者㆒矣、比如㆓順㆑風而呼㆒、声非㆑加㆑疾、其埶激也。

古の布衣《ふい》の俠は、得て聞く靡《な》き已《のみ》。近世の延陵・孟嘗・春申・平原・信陵の徒は、皆な王者の親属に因《よ》り、有土《ゆうど》卿相の富厚に藉《よ》り、天下の賢者を招き、名を諸侯に顕《あらわ》す、賢者ならずと謂う可《べ》からざれども、比《たと》えば風に順《したが》いて呼ぶが如く、声疾《はや》きを加うるに非ずして、其の埶《いきお》い激すれば也。

原文③

至如閭巷之俠、修行砥名、声施於天下、莫不称賢、是為難耳、然儒・墨皆排擯不載。自秦以前、匹夫之俠、湮滅不見、余甚恨之。

ここから権力を持たない、市井の侠者の事跡を掘りおこしたいという司馬遷の思いがつづられます。

a　至如閭巷之侠、修行砥名　**至如**は「至如A、B」のかたちでAを強調して提示する構文です（↓第1日3）。さて、ここではどこまでがAでしょうか。**閭巷**は既出で、市井・民間でした。**修行**は修行と一語で解してもよいのですが、座禅を組んだり護摩行《ごまぎょう》を行ったりするイメージで「しゅぎょう」と読んでいませんか。『史記』が書かれたとき（前漢中期）にはまだ中国に仏教は伝わっていません。一語で読むなら「しゅうこう」、あるいは返って「行いを修め」、自分の行動を整えきちんとすること。**砥名**は名声・評判を「とぐ・みがく」。

この部分、それぞれ別個に、きちんとするのは行いのみ、磨くのは名声のみ、というのではありません。ここは「互文」の構造で、「品行・名声」ともに「しっかり整え・みがく」という意味です（もちろん、行いを整えることで名も磨かれたわけで、名を磨くことで行いが整ったわけではないですが）。「伯夷列伝」には「砥行立名（行を砥《みが》き名を立つ）」という言い方も出てきます。『語法』42節B「互文」でおさらいしておきましょう。

b　声施於天下　**施**は、散布する・推し広げる・実施すること。

この句、文字は常用のもので簡単に見えますが、ちょっとやっかいな構文です。「声を天下に施《ほどこ》し」のように、「施」を常訓の他動詞で読んで、「声」を倒置された目的語と解してしまう訓読も見かけますが、もとの漢文を自然にとらえれば、主語＋動詞＋場所ですから、やはりそれに沿って考えたいところです。となると**施**の解釈がかなめになります。「ほどこす」と解釈すると他動詞ですが、「施」には「しく」という訓もあり、古語辞典を引いていただけるとわかりますが、「しく」には自動詞の用法があります。『日本国語大辞典』では「一面に広く、むらなく行きわたる」と語義が示され、例文には『日本書紀』の寛文版の訓読として「名四表《よも》八方《やも》に流《シケ》り」を引きます。ここの構文と似ていますね。

けれども、「しく」は現代日本語では他動詞です。「ほどこす」はもともと他動詞です（自動詞は「ほどこる」）。そこで、二通りの訓読が派生しました。「声天下に施され」と受け身にする、もしくは「声を天下に施し（施《し》き）」と他動詞の目的語倒置のかたちで読む、です。「声天下に施《し》く」は、読み方としてはちょっと難しいかもしれません。それなら「施」の訓を換えてみたらどうだろう、自動詞で読める同義の訓は他にないだろうか、そこで「およぶ」を思いつきます。「声天下に施《およ》ぶ」、これなら日本語としてもわかりやすいですし、原意も過不足なく伝わります。しかし、訓は勝手に作らないほうがよいので、実際に「施」を「およぶ」と訓じた例が欲しいところです。調べると、「声施於天下」の「施」を「およぶ」と訓じた例がありました（友田宜剛《よしかた》訳注『続文章軌範』一九二七、幸田露伴監修「詳解全訳　漢文叢書」第6巻、至誠堂）。じつは、唐の司馬貞《しばてい》による注釈書『史記索隠《しきさくいん》』（→コラム④）では、「施」の音が「以豉反」、つまり「以」〈イ〉と「豉」〈シ〉を組み合わせた〈イ〉になっています（AB反とは、漢字音が基本的には「子音＋母音＋子音」「子音＋母音」「母音＋子音」「母音」のどれかであることを利用して、Aからは最初の子音を、Bからは母音以降を取って組み合わせて音を表す方式で、「反切」と呼ばれます。母音で始まる音を示したければ、同じように母音で始まる字をAに置きます）。この場合は

「及」「延」という意味になり（辞書をぜひ確認してください）、それにもとづいたものと思われます。

訓読は、ていねいに原文を読まないと作れないことがしばしばあります。日本語という別の言語と対照させることで、漢文の構造をより深く理解することにもつながります。

C　莫不称賢、是為難耳　**莫**は続けて述語をとり、「誰も……いない」「何も……ない」というように主語を含んだ否定詞です（↓『語法』33節Ｄａ）。「賢者だと称さない者は誰もいない」↓「賢者だと誰もが称賛する」。そうそう、忘れかけていましたが、「至如」はここまで掛かります。**是**「これ」、以上に述べたこと。「至如Ａ、是Ｂ」という説明の構文です。第1日3では「固」が書き手の判断の目印になっていましたが、ここでは「是」です。つまり、「と称賛するようなレベルにまで達するのは」。

耳〈ジ〉は合音字で「而已」「のみ」の音〈ジイ〉が縮まったもの。日本語で「ともあれ」を「とまれ」ということがあるのに少し似ていますね。同じく「のみ」と読んで、意味は、限定の場合は「……だけだ」、断定の場合は「……なのである」。「これは困難（で稀）なことなのである」。

なお、古くからの訓読では、「閭巷の俠の如きに至りては」と訓読することが多いようです。第1日4と同じように、名詞を強調させるのです。この本では、第1日3のように、名詞節の強調として解釈しています。名詞を強調して「閭巷の俠について言うなら」とすると、それ以下の説明が「閭巷の俠」にすべて当てはまりそうです。英語などにおける関係代名詞の非制限用法に似ています。それよりも「閭巷の俠が、……となることについて言えば」と解したほうが原文に即していると考えました。「……となるような閭巷の俠について言えば」と限定していると解釈したのです。これは関係代名詞の制限用法に似ています。おおまかに言えば、「至如」のあとに固有名詞が来れば、非制限用法的（→第1日4）、そうでなければ制限用法的（→第1日3）になります。ここでも、「閭巷之俠」を「郭解」に置き換えると、「郭解のような者となると、……であるが、これはなかなかできないことだ」と読むのが自然でしょう。この場合、「至如A、B」のBには、作者の判断だけでなく、Aの属性や行動などの説明も入ることになります。

d　然儒・墨皆排擯不載　**然**は「如レ是」（かくのごとし）という意味で、順接の「しかして」なのか、逆接の「しかるに」なのか、添加の「しかも」なのかは、前後の文脈から判断するのでした（→第2日1b）。もう少し続きを見てみましょう。

儒・墨は儒家と墨家《ぼくか》。墨家は諸子百家《しょしひゃっか》の一つで、兼愛《けんあい》（博愛）の説を唱え、礼楽《れいがく》を唱えて秩序を重んじる儒家と対立する立場にありました。**皆**は「みな」と訓読しますが、訳語に注意。三者以上を指す場合は「みな」でいいのですが、二者の場合は、ともに・どちらも、の意。**排**［おス］は、おしのける。**擯**［しりぞク］は音〈ヒン〉、しりぞける、排斥する。**排**も同義ですから、「排擯」で複語（→『語法』41節）です。**載**［のス］は、記録・記載する、この場合は上声《じょうしょう》で読みます（他に年の意味でも上声です。たんに荷物を載せるなど、一般的には去声《きょしょう》です。→コラム③）。「しかし、儒家墨家ともに（市井の俠者の事跡は）排除して記録に残さなかった」。市井の俠者でその水準にまで達するのは困難なのに、記録に残さないのですから、「然」は「しかるに」と解釈しましょう。

e　自秦以前、匹夫之俠、湮滅不見、余甚恨之　**自**［よリ］は起点を表す前置詞で「……から」。場所にも時間にも使います（→『語法』12節7〜12）。**秦**は、秦の始皇帝で有名な王朝（前二二一〜前二〇七）。**匹夫**の「匹」は一人の意。古代中国社会では庶民は側妻《そくさい》などを持てず、一人の妻とだけ連れあうので「匹夫匹婦」と言いますが、そこから、庶民、身分の低い男の意になります。**湮滅**の「湮」〈イン〉「しずム」（埋没《まいぼつ》する）という字がわからなくても大丈夫です。「滅」を含む複語だと考えればよいのです。**見**は1e「要以功見言信」のところで出た、「あらわる」という意。**恨**「うらム」は、残念に思うこと。「秦より前の身分の低い侠者は、埋没してしまって世の中に現れていない、私はたいへん残念に思う」。

それでは訓読の確認です。

返り点

至レ如下閭巷之侠、修レ行砥レ名、声施二於天下一、莫上不レ称レ賢、是為レ難耳、然儒・墨皆排擯不レ載。自レ秦以前、匹夫之侠、湮滅不レ見、余甚恨レ之。

閭巷の侠の、行いを修め名を砥《みが》き、声天下に施《およ》び、賢と称せざるもの莫《な》きが如きに至りては、是れを難しと為す耳《のみ》、然るに儒・墨皆な排擯《はいひん》して載せず。秦自り以前、匹夫の侠、湮滅《いんめつ》して見《あらわ》れず、余甚だ之を恨む。

締めくくりとして、この日の始めの現代語訳を読んでおきましょう。

漢文談義①

T　担当原稿遅れてすみません。

已諸必誠、不愛其軀、赴士之阨困、既已存亡死生矣、而不矜其能、羞伐其徳。

という部分で詰まっていました。

ここは前後の大きな文章の流れとしては、「引き受けた以上は必ず誠実にとりくみ、我が身を惜しまない。士の困窮に駆けつけ、「存亡死生」した後も、自分の能力を誇らず、自分が与えた恩恵を自慢するのを恥じる」となるのだと思うのですが、「存亡死生」の部分、朝日文庫『中国古典選』（22『史記』五）では、「身を生死の境におきながら」と訳していますが、文脈からの意訳でしょうか。野口定男氏の訳では「つねに一身の存亡死生を無視する」（平凡社）です。

いずれにしても、語法的にどうもすっきりとしません。

もし「存亡生死」と書かれていれば、「亡を存ぜしめ死を生かしむ」（死にそうな窮地〔存亡〕にある士を救い生かした後も）となって、つながりが楽なのですが。

S　たしかに。でも、テキストに手をつけるのは最後の手段ですし、ここは古くから解釈もわかれているようです。

鈴木虎雄氏は『支那文学研究』のなかで「生死をも惜しまぬ」と訳しています（五九七頁）。

存亡死生の四字で、同㆓存亡死生㆒の意味だと解しているようです。同㆓死生㆒からの類推でしょう。朝日文庫本、野口訳は、この方向での訳ですね。

もう一つ、前半の「存亡」を「存㆑亡」と訓じ、「死生」も「死㆑生」で理解するというのが明代に編まれた名文集『続文章軌範』の日本での注釈や、文部省（昭和十年版『直轄学校入学試験問題答案講評』）の解釈です。「生かすも殺すも思うがまま」、生殺与奪の力をもつという方向の解釈で、これはわりとあるようです。「人と存亡を同じくし」という解釈もありますね。他人と生命をともにする（ほど自らの命をなげうつ）ということになりますが、ちょっと変に思います。

さらに「既已……矣」ですが、原義は完了ですが文章としては抑揚があるので、たんに完了として訳すと、うまく伝わらない感じがします。「矣」の後に「而」が来るパターンはよくありますよね。もう少し言うと、リズムとしては、

已諸必誠、不愛其軀、赴士之阨困。
既已存亡死生矣、而不矜其能、羞伐其徳。
蓋亦有足多者焉。

と読んで、既已の前は、実は切れ目があるのではないでしょうか。そこで、不愛其軀→存亡

死生という流れだと見ると、存亡死生は、自らの存亡死生ということになりますが、成果を誇らないと後に続けられるのを重視するなら、存亡死生は相手のこととなります（生命をなげうつのを「能」「徳」と考えれば自分のことになりますが）。ここで解釈の分岐が起こるわけですね。ただ、ここは、どちらかの存亡死生を言うのでなく、この四字で国家の存亡や人の生命にかかわる重大事（の成否）、もしくは、国家の存亡を左右し自らの生命をなげうつような覚悟、と読んでしまってもよいかもしれません。「存亡死生」は熟した言い回しなので、「既已……矣」は、この四字をさらに概念化して強調する働きをもつ（これはもう、例の存亡死生というやつで、という口調）とは読めないでしょうか。游俠がじつは重要な役目を果たしながら日の目を見ていない、という序の主張にも沿うように思います。後出の郭解の段に「既已振人之命、不矜其功」のような類句がありますが、「存亡死生」は「振人之命」の言い換えであるよりは上位概念と見えます。

T　切れ目の問題も難しいですね。でもその前に、すでに「然其言必信、其行必果」（約束したら必ずやる）があるんですよね。

ここは「言ったことはやる」「言ったことは誠実に、全力でやる」「人の困難に駆けつけ救助しても、誇らない」と3回少しずつ同じことを塗り重ねて言っているんじゃないでしょうか。「約束したら誠実に、我が身を惜しまず、人の困難に駆けつける」では、駆けつけるに重点が置かれてしまうし、どこで承諾したのかやや不明（「手紙で承諾したら、全力で駆けつ

ける」ような感じ)。リズム的にも、

然其言必信、其行必果、
已諾必誠、不愛其軀、赴士之阨困、
既已存亡死生矣、而不矜其能、羞伐其徳。
蓋亦有足多者焉。

よりも

然其言必信、其行必果、
已諾必誠、不愛其軀、
赴士之阨困、既已存亡死生矣、
而不矜其能、羞伐其徳。
蓋亦有足多者焉。

と、2句ずつのリズムで切り、最後でまとめ、の方がよい気がするのですが。

S なるほど。累加して述べるかたちは多いですし、そう読むほうが自然でしょうか。ただ、「已諸必誠、不愛其軀」は四字句の構造が前後で異なっていて、「已諸」「必誠」、「不愛～」「赴～」がそれぞれ意味の対を為しているとするなら、「既已存亡死生矣」はリズムとしては独立しているように読めます。

そう読むと、「然〈対構造〉」～「而〈対構造〉」で挟まれた中身は伸縮可能で（ここを抜いても読める）、そこは緩急をつけて｛（已諸→必誠）（不愛其軀→赴士之阸困）｝｛既已存亡死生矣｝ということかもしれません。なので、意味の切れ目を加味すると、

然其言必信、其行必果、
已諸 必誠、不愛其軀 赴士之阸困、
既已存亡死生矣、
而不矜其能、羞伐其徳。
蓋亦有足多者焉。

なのかなあとか考えています。もちろん一解に過ぎませんが。

T　なるほど、そういう構造ですね。

「存亡死生」の方も『史記会注考証』では、次のように解釈されています。

（清末の学者）李笠《りりゅう》はこう言う、「私の考えでは「存亡死生」は「存亡生死」と字句を直すべきだ。言っているのは亡者を復活させ、死者を生かすということだ。『春秋左伝』襄公《じょうこう》二十二年の注釈に「いわゆる死者を生かし、骨に肉をつけるものだ」というのと同じだ」と。私瀧川の考えでは、「存亡死生」の間を行き来するということだ。游俠の立場から言っているのであって、李笠の説は間違っている。

李笠（『史記訂補』巻八）曰、案存亡死生、當作存亡生死。謂亡者存之、死者生之也。左氏襄公二十二年傳、（『史記訂補』は「蘧子馮曰」を挿入）所謂生死而肉骨也。與此語同。愚案、出入存亡死生間也。自游俠言之、李說非。

まさに瀧川＝S説で、李笠＝T説は一蹴されています。いや、私は単純な人間なので李笠説は今でもいいな、と思っているのですが。しかし『中国古典選』の「身を生死の境におきながら」というのも瀧川・S説ですね。では解釈も、この方向で読者に問うてみましょう。

と「存亡死生」のわずか四文字から三日経っても終わらない議論をしつつ、解釈は進められていきます……。

第6日　序（六）

むかしの市井の游侠の事跡が埋没してしまったのを残念に思った司馬遷は、漢以後の游侠の事跡をすくい上げて記録に残そうと決意表明します。彼らは悪劣なことはしていないのだ、と。

現代語訳

私の聞くところでは、漢《かん》が興《おこ》ってからは朱家《しゅか》、田仲《でんちゅう》、王公《おうこう》、劇孟《げきもう》、郭解《かくかい》といった者がおり、当時の法の網に触れることもあったが、その個人の価値観による正義は清廉で奥ゆかしいもので、称《たた》えるに十分なものがある。名声が高まるのには理由があり、名士が付き従うのには理由があるのだ。

徒党を組んだり一族で強く固まったり、結託して財を成して貧民を使役し、強暴に弱者を収奪し、欲を尽くして満足するというようなことは、游侠も唾棄したのである。

私は世俗がそうした心を察しないで、みだりに朱家や郭解らを横暴なやからと同類としてそろってこれを嘲笑《ちょうしょう》するのを悲しく思う。

訓読は、次のようになります。

訓読文

余《よ》の聞《き》く所《ところ》を以《もっ》てするに、漢興《かんおこ》りて朱家《しゅか》・田仲《でんちゅう》・王公《おうこう》・劇孟《げきもう》・郭解《かくかい》の徒《と》有《あ》り、時《とき》に当世《とうせい》の文罔《ぶんもう》を扞《おか》すと雖《いえど》も、然《しか》れども其《そ》の私義《しぎ》廉絜退譲《れんけつたいじょう》にして、称《しょう》するに足《た》る者有《ものあ》り。名《な》は虚《むな》しくは立《た》たず、士《し》は虚《むな》しくは附《つ》かず。

朋党宗彊《ほうとうそうきょう》、比周《ひしゅう》して財《ざい》を設《もう》け貧《まず》しきを役《えき》し、豪暴《ごうぼう》して孤弱《こじゃく》を侵凌《しんりょう》し、欲《よく》を恣《ほしいまま》にして自《みずか》ら快《こころよ》しとするが如《ごと》きに至《いた》りては、游侠《ゆうきょう》も亦《ま》た之《これ》を醜《しゅう》とす。余《よ》は世俗《せぞく》の其《そ》の意《い》を察《さっ》せず、而《しこ》うして猥《みだ》りに朱家《しゅか》・郭解等《かくかいとう》を以《もっ》て暴豪《ぼうごう》の徒《と》と類《るい》を同《おな》じから令《し》めて共《とも》に之《これ》を笑《わら》うを悲《かな》しむ也《なり》。

では原文を区切りながら、とりくんでみましょう。

原文① 以余所聞、漢興有朱家・田仲・王公・劇孟・郭解之徒、雖時扞当世之文罔、然其私義廉絜退譲、有足称者。名不虚立、士不虚附。

a　以余所聞、漢興有朱家・田仲・王公・劇孟・郭解之徒　**以**［もっテ］はby means of、……を使って、の意で、「私の聞くところでは」。「**所**＋〔動詞〕」は、「〔動詞〕する対象」でした（→『語法』21節）。**興**［おこル］は、発生する・始まる。司馬遷の生きた前漢の建国は、紀元前二〇六年。**朱家・田仲・王公・劇孟・郭解**はいずれも人名、「王公」は「王孟《おうもう》」のこと。この後、それぞれの伝記を見ていきます。

b　雖時扞当世之文罔　**雖**［いえどモ］は譲歩ですが、既定（……ではあるけれど）と仮定（……だとしても）の場合があります（→『語法』29節C9〜12）。副詞としての**時**は、時には・その時に（当時）・しばしば・しかるべき時に・時間通りに、などさまざまな意味がありますが、ここでは「時には」。**扞**［おかス］は、「干犯」の「干」に通じ、さからう・違犯する・侵害する。**当世**は、今の世を示す場合と過去の世を示す場合がありますが、ここは過去、その当時の世。**文罔**は「文網《ぶんもう》」とも書き、法の網のこと。「罔」は、あみ。音を借りて「ない」という意味にも用いられたため、さらに糸偏をつけた「網」の字が生まれました。「時にはその当時の法に触れたけれども」。

c　然其私義廉絜退譲、有足称者　**然**は接続を考えるのでした（→第2日1b）。前に「雖も」がありますので、「しかれども」（しかし）でつなぎます。

私義は、「個人の価値観による正義」。「私」は、「公」の反対、個人としての。**廉絜**は、清廉潔白、これも複語です。「廉」は、「いさぎよい」「つづまやか」、自らを引きしめて、利益に心惹かれないこと。「絜」〈ケツ〉は麻糸の一束《ひとたば》が原義ですが、音から潔〈ケツ〉（水のきれいなさま→清らか、いさぎよい）と同義になります。**退譲**は、見慣れない語と思わず、謙「へりくだル」という字をつけてみれば「謙譲」「謙退」と、人に譲り、へりくだって、うやうやしい、という意味であることがわかります。

さて、ここで問題となるのは私義・廉絜・退譲の関係です。三者は、それぞれ提示語として「有足称者」を導くことができます。その場合、「私義」に続く、「廉絜」は、清廉さ、「退譲」は、へりくだりぶり、のように状態を表す名詞として機能します。とすると、三者を名詞の同格として読めそうです（そのような解釈もあります）。しかし一方で、「廉潔」「退譲」を「私義」の述部として読むこともできます。かれらは「当世之文罔」は犯したけれども、に続く文章ですから、「その「私義」は廉絜・退譲であり」、と読めば、「当世之文罔」と「私義」の対照がきわだつことになります（世と義はしばしば相容《あいい》れません）。ここではこちらの解釈をとっておきます。「しかしその俠者個人の正義感は清廉謙遜で」。

称［たたウ］は、言ってたたえる・ほめる。**足**［たル］は、……するに値する・できる。「有足称者」で「称えるに値する者がいる」。

d　名不虚立、士不虚附

名詞が単独で用いられると「すぐれた（名詞）」という意味になります。

名は、「良い名」・名声・名誉。**士**は、「よい士」・立派な人物。**虚**［むなシ］は、実体がないこと、実体があっても中身がないこと。**立**［たツ］は、打ち立てる、成就する。『論語』為政《いせい》篇に「三十而立」（三十歳で自立する）の「立」。**附**［つク］は、付き従う、付き従わせる。「名声は中身なしに立たないし、立派な人物は中身なしに付き従うものではない」。

長くなりましたが、ここまで返り点をつけて読んでみましょう。

返り点

以㆓余所㆑聞、漢興有㆓朱家・田仲・王公・劇孟・郭解之徒㆒、雖㆔時扞㆓当世之文罔㆒、然其私義廉絜退譲、有㆓足㆑称者㆒。名不㆓虚立㆒、士不㆓虚附㆒。

余の聞く所を以てするに、漢興りて朱家・田仲・王公・劇孟・郭解の徒有り、時に当世の文罔を扞《おか》すと雖も、然れども其の私義 廉絜退譲にして、称するに足る者有り。名は虚しくは立たず、士は虚しくは附《つ》かず。

原文②　至如朋党宗彊、比周設財役貧、豪暴侵淩孤弱、恣欲自快、游俠亦醜之。余悲世俗不察其意、而猥以朱家・郭解等令与暴豪之徒同類而共笑之也。

a　至如朋党宗彊、比周設財役貧　**至如**は既出（→第1日3・第5日3）。構文として考えることが大事です。**朋党**は「朋《とも》」と「党《なかま》」の複語、あわせて、ともがら・仲間。また、徒党を組むこと。**宗**は一族、同じ祖先から出た一族。**彊**〈キョウ〉は「強」〈キョウ〉に同じ。「宗彊」を「一族の有力者」として、「朋党」と並列させる訳もありますが、『史記』の用例を見ますと「諸田宗彊（田氏たちは強い一族で）」〔酈生陸賈列伝〕、「東有六国之族、宗彊（東に六国の王族がいて、〔それぞれ〕一族が強い）」〔劉敬叔孫通列伝〕など、一族が結びついて強いことを指すと考えられます。

比周は、『論語』に「君子周而不レ比、小人比而不レ周（君子は周して比せず、小人は比して周せず）」〔為政篇〕とあるように、「比」〔くみス〕は悪い付き合い方、「周」〔したしム〕はよい付き合い方を示しますが、「比周」で一語になると、徒党を組んで結託するというよくない意味を主に表します。複義偏用（→『語法』第42節）の一例です。

設財は「財物を並べたくわえ」。「設」〔もうク〕には陳列するという語義があります。**役貧**は貧民を使役すること。

b　豪暴侵凌孤弱、恣欲自快、游侠亦醜之　**豪暴**は、たけだけしく、あらあらしいこと。横暴・強暴などの語から、これも類義の複語であることがわかります。

侵凌は、攻めこみ、あなどること。複語です。「侵」［おかス］は、攻めいる・害する、「凌」［しのグ］は、あなどる・圧倒する。冫の「凌」・阝の「陵」で書かれることも多い字です。

孤は、父を亡くした孤児。**弱**は、力のないこと、弱者。「孤弱」で、助けがなく弱い者。これも複語です。

恣欲の「恣」［ほしいままニス］は、好き勝手・思うがまま（にする）の意、「欲望を思うがままにふるい」。

自快は少し丁寧に見ましょう。「自ら」は人為に関するときは「みずから」、自然現象に関するときは「おのずから」と読む副詞ですが、二種の用法があります。一つは「自分で……する」の意、「自作」「自署」「自記」などです。もう一つは「自分で自分を……する」という目的語に「自分」を含む意で、これには「自戒」（自分で自分を戒める）、「自殺」（自分で自分を殺す）、「自信」「自責」などです（→『語法』7節「自」）。ですから「自快」は「自分で自分を快くす」の意で、「自分勝手にいい気になる」です。

なお、中華書局本などでは「至レ如下朋党宗彊比周、設レ財役レ貧、豪暴侵二凌孤弱一、恣レ欲自快上（朋党宗彊の比周して、財を設け貧を役し、豪暴孤弱を侵淩し、欲を恣にして自ら快しとするが如きに至りては）」のように、「比周」を「朋党宗彊」に続けますが、本書は、「朋党宗彊」は徒党を組むことと一族が固まることを指し、「比周」（私益のために結託する）と「豪暴」（横暴にふるまう）によって彼らの様子が示され、それぞれ「設財役貧」と「侵淩孤弱」を導いていると考えました（『史記会注考証』の句読も同様です）。

いずれにせよ、徒党を組んで、強者が弱者を虐《しいた》げ、好き勝手に強欲《ごうよく》の限りを尽くす、ということは、**游侠亦醜之**、游侠もまたそうしたことを「醜」とする、つまり「にくむ」「はじとする」わけです（↓第4日1b）。「至如A、B」の構文で考えると、AについてするBにあたります（↓第1日3・4・第5日3）。

c　余悲世俗不察其意　余は一人称で、わたし。「悲しむ」内容がどこまでかわかりにくければ、「私が悲しく思うのは……だ」と先に処理してしまうこともできます。以下の文が**世俗**を主語にしていますから、ここは構文がつかみやすいでしょう。**不察其意**は、前文を受けて、恥とした游侠の心がわからず、ということ。

d　而猥以朱家・郭解等令与暴豪之徒同類而共笑之也　而は「不察其意」を受けて、そして、と続けます。**猥**［みだリニ］は、そうする必要がないのにやたらと・むやみに。以から先は、少し注意が必要です。使役文は「使・令・教・遣」などの使役の動詞を用いて、

〔使役動詞（令）〕＋〔物・人〕＋〔動詞〕＋〔目的語〕

のかたちをとり、

〔物・人〕ヲシテ〔目的語〕ヲ〔動詞〕セ〔使役動詞（し）〕ム

〔物・人〕に〔目的語〕を〔動詞〕させる

となります（→『語法』32節）。しかし、先ほどの文は、この基本形にあわせると、「令朱家郭解等与暴豪之徒同類」となり、〔物・人〕の部分がどこまでなのか、

〔令〕＋〔朱家郭解等与暴豪之徒同類〕？

〔令〕＋〔朱家郭解等与暴豪之徒〕？

〔令〕＋〔朱家郭解等〕？

と、非常にわかりにくいかたちになります。そこで〔物・人〕の部分を「以て」によって前置して特定したのが、

以〔朱家・郭解等〕、令〔∅〕与暴豪之徒同類

というここに出ているかたちです。意味は「朱家や郭解等を、暴豪の徒と、同じ種類とみなし」です。

而共笑之、そうして一緒に彼らを笑う。この現状を司馬遷は「悲」しんでいるわけです。**也**は「悲」を受けて結んでいます。

長い長い序が、ここでようやく終わります。明日からは具体的な個人の逸話になりますので、読みやすくなると思います。それでは、ここまでの訓読を確認し、現代語訳を読んでおきましょう。

返り点

至レ如下朋党宗彊、比周設レ財役レ貧、豪暴侵二凌孤弱一、恣レ欲自快上、游侠亦醜レ之。余悲乙世俗不レ察二其意一、而猥以二朱家・郭解等一令下与二暴豪之徒一同上類而共笑甲レ之也。

朋党宗彊、比周して財を設け貧しきを役し、豪暴して孤弱を侵凌し、欲を恣《ほしいまま》にして自ら快しとするが如きに至りては、游侠も亦た之を醜《しゅう》とす。余は世俗の其の意を察せず、而うして猥《みだ》りに朱家・郭解等を以て暴豪の徒と類を同じから令《し》めて共に之を笑うを悲しむ也。

第7日　朱家

いよいよそれぞれの游俠の伝記に入っていきます。まずは朱家から。訳文を読んでみましょう。

現代語訳

魯《ろ》の朱家《しゅか》は、漢《かん》の高祖《こうそ》（劉邦《りゅうほう》）と同時代の人である。魯の国の人はみな儒学を教えたが、朱家は俠で名が知られた。かくまわれ生きのびた豪士《ごうし》は百人にも達し、その他の凡庸《ぼんよう》な者となると数えきれないほどだったが、しかし最後まで自分の能力を誇ったり自分の徳を喜んだりせず、かつて恩を施した人々には、会うことをただ恐れ、他人の困窮を救うときは、まず貧賤《ひんせん》な人から始めた。

朱家には家に余計な財産がなく、衣服に十分な装飾を求めず、食事は品数を重ねず質素に、乗物は子牛の車にしか乗らず、もっぱら人の危急に駆けつけ、自分自身を二の次にした。かつて裏から季布《きふ》将軍の災厄《さいやく》をのがれさせたが、布が高貴な身分になると、終生会おうとしなかった。函谷関《かんこくかん》以東では、彼を仰ぎ見て交わりを願わない者がいなかった。

訓読は、このようになります。

訓読文

魯《ろ》の朱家《しゅか》は、高祖《こうそ》と時《とき》を同《おな》じくす。魯《ろ》人《ひと》皆《み》な儒《じゅ》を以《もっ》て教《おし》え、而《しか》るに朱家《しゅか》は俠《きょう》を用《もっ》て聞《き》こゆ。蔵活《ぞうかつ》する所《ところ》の豪士《ごうし》は百《ひゃく》を以《もっ》て数《かぞ》え、其《そ》の餘《よ》の庸人《ようじん》は勝《あ》げて言《い》う可《べ》からず、然《しか》れども終《つい》に其《そ》の能《のう》を伐《ほこ》り其《そ》の徳《とく》を歆《よろこ》ばず、諸《もろ》もろの嘗《かつ》て施《ほどこ》す所《ところ》は、唯《た》だ之《これ》を見《み》るを恐《おそ》れ、人《ひと》の贍《た》らざるを振《すく》うに、先《ま》ず貧賤《ひんせん》従《よ》り始《はじ》む。家《いえ》に餘《よ》財《ざい》無《な》く、衣《い》は采《さい》を完《おさ》めず、食《しょく》は味《あじ》を重《かさ》ねず、乗《じょう》は軥牛《こうぎゅう》に過《す》ぎず、専《もっぱ》ら人《ひと》の急《きゅう》に趨《はし》ること、己《おのれ》の私《わたくし》よりも甚《はなは》だし。既《すで》に陰《ひそ》かに季布将軍《きふしょうぐん》の阨《やく》を脱《だっ》せしむるも、布《ふ》の尊《そん》貴《き》なるに及《およ》び、終身見《しゅうしんまみ》えざる也《なり》。関《かん》自《よ》り以東《いとう》、頸《くび》を延《の》べて交《まじ》わりを願《ねが》わざるなし。

それでは、原文を区切りながら、とりくんでみましょう。

原文①

魯朱家者、与高祖同時。魯人皆以儒教、而朱家用侠聞。所蔵活豪士以百数、其餘庸人不可勝言、然終不伐其能、歆其徳、諸所嘗施、唯恐見之、振人不贍、先従貧賤始。

a 魯朱家者、与高祖同時　**魯**は春秋《しゅんじゅう》の国名、今の山東省《さんとう》附近ですが、その後行政区画の変化があっても、この地方はしばしば「魯」と称されます。現在の日本で、土佐《とさ》とか越後《えちご》とかいうのと同様です。魯は孔子《こうし》の出身地で、もちろん儒学の本場です。

朱家は、ここでの主人公、「家」が名です。**者**は「という人」（→『語法』20節A）。**与**は前置詞で英語のwithに相当します、「……と」。**高祖**は始祖、漢代の文章なので漢の初代皇帝・劉邦《りゅうほう》（前二四七～前一九五）のことですが、後代でも単独で「高祖」と用いられると多く劉邦を指します。中国古典では他に、「三閭大夫《さんりょたいふ》」「（楚《そ》）大夫」といえば楚の屈原《くつげん》、「才子《さいし》」というと漢代の賈誼《かぎ》、「馬曹《ばそう》」というと晋《しん》の王徽之《おうきし》など、官職や呼称がある人物の代名詞のような使い方がされることがあります。「魯（の地方）の朱家という者は、高祖と同時代の人である」。

b 魯人皆以儒教、而朱家用侠聞　**魯人**「ろひと」は「魯の人《ひと》」とも訓読します。国名や王朝の下につく「人」は、日本では古くから「ひと」と読まれています。楚の国の人は「楚人《そひと》」、唐の時代の人は「唐人《とうひと》」（「からびと」や「とうじん」と読むと中国の人という意味になります）。

皆以儒教はそこだけなら「皆な儒教を以て」とも読めますが、すると対句である下句は「而るに朱家は俠聞を用て」となり意味を成しません（「俠聞」ということばはありません）。**用俠聞**は「俠を用《もっ》て聞こゆ」（用は以と同じ用法）で、「俠で名が知られた」。すると「以儒教」も同じ構造で「儒を以て教え」となります、「みな儒学で教育した」。そもそも孔子学派の教えという意味での「儒教」という語は、この時代にはまだ現れておらず、だいぶ後の唐代に成書した『晋書《しんじょ》』に早い用例が見えます。

c　所蔵活豪士以百数　**蔵活**は自分のもとに匿《かくま》って生活させること。「蔵」は、隠しておさめること。**豪士**は、豪傑の士。

以百数は誤読しがちなところなので、注意しておきましょう。これは百単位で数える、という意味ではないので、「数百にもなった」は誤り。「百という数である」「その数が百にも達する」という意味です（→『語法』12節42の注）。「かくまって活かした豪傑の士は百人にものぼった」。

d　其餘庸人不可勝言　**餘**は、ほかの。「餘人《よじん》を以て代え難い」というときの「餘」です。**庸**は「つね」と訓じますが、平常のありふれたこと。凡庸・平凡という複語が思い浮かべば、意味がわかります、「平凡な人」。

不可勝言は第3日3dに「何可勝道」のかたちが出てきました。「勝」は否定とともに用いて「あげて（全部、残らず）……ず」「全員を言いつくすことはできない」→「数えきれない（ほど多い）」。「その他の凡庸な人（で匿ってやった者）は数えきれないほど多かった」。

e　然終不伐其能、歆其徳　**然**はここでは逆接。**終**［つい二］は、最初から最後まで、の意。「中央線は終日禁煙です」は、一日の終わりだけ禁煙なのではなく、一日中ずっと禁煙です。**伐**［ほこル］は、自分をひけらかして自慢すること。

歆は難解です。「うく」（うける）と読んで、「人が徳だと感謝するのを受けない」とする説もありますが、普通は「よろこぶ」と読み、「自分に徳があるからといって喜ばない」と解釈しています。「しかし最後まで自分の能力をひけらかしたり、自分の徳あることを喜んだりしなかった」。

なおこの部分をもう一度整理して記した『漢書《かんじょ》』游俠伝では、「不伐其能、飲其徳」となっています。字形が近い「飲む」（飲みこむ、隠す、ひけらかさない）を用いて、「自分の能力を自慢せず、自分の徳をひけらかさない」という、きれいなかたちをとります。

f　諸所嘗施、唯恐見之　**諸**は各々の、多くの。**所嘗施**は、かつて施しをした対象、ですから、「かつて恩を施した人々」。**見**［みル］は「まみゆ」とも読めますが、いずれにしても、人を目的語にすると、会うこと。英語でSee you later. というときのseeに相当します。ただ、「まみゆ」と読むと手順を踏んできちんと会うという解釈になりえますので、ここは顔をあわせるということで「みる」としました。「かつて恩を施した人々それぞれには、顔をあわせてしまうことをただ恐れた」、もちろん相手からの謝意に対する謙遜と、相手に卑屈な思いをさせまいという配慮からです。

g　振人不贍、先従貧賤始　**贍**［たル］は、十分に足りていること、豊かにあること。**振**［すくウ］は、危機的状況から挽回するときによく使われます。

従［よリ］は前置詞で「……から」、英語のfromに相当し、場所や時間の起点を表します（→『語法』

12節13〜15)。**貧賤**、貧はまずしいこと、賤は身分の低いことですが、複語です。「他人が何かが足りず困っているのを救うときには、まず貧賤な人から始めた」。「先従……始」は、有名な「先従隗始（先《ま》ず隗《かい》より始めよ）」と同じ構文です。

人を救うときに、単に力や金銭を施すのではなく、相手に嫌な思いをさせない配慮をする、というのが朱家の非凡なところです。

それでは最後に返り点をつけて読んでみましょう。

返り点

魯朱家者、与㆓高祖㆒同㆑時。魯人皆以㆑儒教、而朱家用㆑俠聞。所㆓蔵活㆒豪士以㆑百数、其餘庸人不㆑可㆓勝言㆒、然終不㆘伐㆓其能㆒、歆㆗其徳㆖、諸所㆓嘗施㆒、唯恐㆑見㆑之、振㆓人不㆒㆑贍、先従㆓貧賤㆒始。

魯の朱家は、高祖と時を同じくす。魯人皆な儒を以て教え、而るに朱家は俠を用て聞こゆ。蔵活する所の豪士は百を以て数え、其の餘の庸人は勝げて言う可からず、然れども終に其の能を伐り其の徳を歆《よろこ》ばず、諸もろの嘗て施す所は、唯だ之を見《み》るを恐れ、人の贍《た》らざるを振《すく》うに、先ず貧賤従り始む。

家無餘財、衣不完采、食不重味、乗不過軥牛、専趨人之急、甚己之私。既陰脱季布将軍之阸、及布尊貴、終身不見也。自関以東、莫不延頸願交焉。

原文②

a　家無餘財、衣不完采　**餘財**は余分な・あり余る財物。この「家無餘財」の表現は後の史書に継承され、清廉で不正な蓄財がない人物を描写する定型表現となりました。

采〈サイ〉は彩〈サイ〉に音が通じ、あや、いろどり。**完**［おさむ］は「まっとうす」「つくす」と読むこともできます。完備すること、きちんとすべて整えること。「衣不完采」で「衣服は華麗ないろどりを完備しなかった」→「衣服には十分な装飾を求めなかった」。

同じ部分を『漢書』では「衣不《ハ》ㇾ兼《カネ》ㇾ采《ヲ》」(いろどりを兼備しなかった)とし、他にも「衣不《ハ》ㇾ重《かさネ》ㇾ采《ヲ》」(『史記』呉《ご》太伯世家《たいはくせいか》・越王勾践《えつおうこうせん》世家)、「衣不《ハ》ㇾ重《ネ》ㇾ綵《ヲ》」(『呉越春秋《ごえつしゅんじゅう》』勾践帰《こうせんき》国外伝《こくがいでん》)、「衣不《ハ》ㇾ兼《ネ》ㇾ綵《ヲ》」(『前漢紀《ぜんかんき》』高祖《こうそ》三)等のさまざまな変形が見られますが、意味はいずれも同じです。

b　食不重味、乗不過軥牛　**重**は平声《ひょうしょう》で読むと、重《かさ》ねる(通常、〈チョウ〉と読みます)、上声《じょうしょう》で読むと、重《おも》い（同じく〈ジュウ〉と読みます。→コラム③）。ここでは二種以上の味を重ねる意ですから前者。「食事は何種類もの料理を用いず」。「食不《ハ》レ重《ネ》レ肉《ヲ》」（『史記』管晏《かんあん》列伝）、「食不《ハ》二二味《ナラ》一」（『左伝《さでん》』哀公《あいこう》元年）、「食不《ハ》レ累《かさネ》レ味《ヲ》」（『晋書』載記《さいき》・石季龍《せききりゅう》伝上）、いずれも同様の表現です。

軥は、くびき、音〈コウ〉、一説に〈ク〉（劉宋《りゅうそう》・裴駰《はいいん》の注）、車の轅《ながえ》の先端にある牛馬の首にかける部品を指します。唐の司馬貞《しばてい》の注によると、大牛をつけるくびきが軶〈アク〉（軛）、小牛をつけるくびきが軥だそうで、要するに**軥牛**は小さな牛。貴人は馬車に乗るものですが、朱家は牛、それも小さな牛が引く車に乗るという謙虚さです。「乗るのは小牛が引く車がせいぜい」。

C　専趨人之急、甚己之私　**専**［もっぱラ］は、ひたすら・一途に。**急**は第3日1aの「緩急」のところでやりました、危急・差し迫ったこと。**趨**［はしル］は「おもむく」と読んでもかまいませんが、足早に駆けつけること。「他人の危急に一途に駆けつけ」。

甚［はなはダシ］には注意しておきましょう。「はなはだ」と読んで、「甚多《ダシ》（とても多い）」「甚善《ダシ》（とてもよい）」など、形容詞などの前で、とても・非常に、という副詞になる場合は問題ないでしょう。「はなはだし」と読む場合には、二種類あります。一つは「風甚《ダシ》（風が激しい）」（『左伝』昭公《しょうこう》十八年）、「不二亦甚《タダシカラ》一乎《や》（なんとひどいことではないか）」（『荘子《そうじ》』至楽《しらく》）など、述語となって、ひどい・やりすぎだ・はげしすぎる、など程度が極端であることを示す場合で、これも難しくはありません。

問題はこの「甚己之私」のように、「甚」の後に名詞や名詞句が来る場合です。漢和辞典を調べると、「まさる」「こえる」という語義がありますし、動詞として使われています。ただ、もともとは「……

よりも程度が増す」ということですので、「防《グハ》二民之口《ヲ》一、甚《ダシ》二於防《グヨリ》レ川《ヲ》（民の口を封じるのは、川の水を封じるよりひどいことになる）」（『国語』周語上・『語法』31節A4）のように、「甚」の後に「於」があるとわかりやすいです。場所や比較・受身を表す「於」はしばしば省略されますから（→『語法』31節A8・9）、「甚己之私」のような場合は、逆に「於」を補って考えるとよいわけです。つまり「甚《ダシ》二於己之私《ヨリ》一（自分の個人的な事情の場合よりやりすぎる）」と解釈します。**己**は自分、「私」は、「公」の反対、個人的なこと。「自分自身のことを二の次にした」、宮沢賢治の「アラユル事ヲ自分ヲ勘定ニ入レズ」（雨ニモマケズ）に通じますね。

d　既陰脱季布将軍之阸　**既**［すでニ］は、そのまま「すでに」と訳してもいいのですが「すでに……して」とすると、文章が舌足らずになる場合があります。その場合は「……してから」「……したのち」と訳すとうまくいきます。**陰**［ひそカニ］は、陰・裏でこっそり。**阸**〈ヤク〉は「阨」の別体でした。「ふさがる」と訓じて、行き場を失って苦しむこと。「季布将軍の困窮を陰から逃れさせてのち」。

「季布将軍之阸」は説明が必要でしょう。事の次第は『史記』の別箇所、「季《き》布《ふ》欒布《らんふ》列伝」に詳述されます（→『語法』35節A4・5にも一部が引かれています）。

任侠で有名だった楚の人、季布は、項羽《こうう》から兵を預かると奮戦し、しばしば劉邦を苦しめます。項羽が滅びると、劉邦は千金の賞金をかけて季布を探し、かくまう者には厳罰を科しました。

季布は濮陽《ぼくよう》（河南省《かなん》）の周氏のもとに隠れていましたが、危険を察した周氏は一計を案じ、季布を奴隷の身にやつさせ、家僕数十人とともに魯の朱家に売ります。朱家は心中、季布であると気づき、大事に扱わせ、一方自分は洛陽《らくよう》に行き劉邦の重臣・夏侯嬰《かこうえい》に面会を求め、季布は主君のために働いただけだと釈明します。

もともと季布を賢者だと認めていた夏侯嬰は、主君の劉邦にとりなし、劉邦にはそれを受け入れるだけの度量がもちろんあります。かくして季布は罪を赦《ゆる》され、郎中《ろうちゅう》として取り立てられました。当時の人々は、苦難に耐えた季布と、それを救う侠気をもった朱家をほめ称えたといいます。

登場人物の誰もに、いくばくかの侠気がある、そういう時代を背景にしています。

e　及布尊貴、終身不見也　**及**［およビ］は、……の時になると。**尊**は「卑」の対で目上、**貴**は「賤」の対で身分が高い、ですが、ここでは複語（↓『語法』41節）、「尊貴」二字で高貴な立場。**終**は、……の最後までずっと、でした。**見**［まみユ］は、会うこと。ここは偶然「みる」より約束して「まみゆ」というほうがわかりやすいでしょう。「季布が高い立場となると、終生会わなかった」。

f　自関以東、莫不延頸願交焉　**自**［よリ］は起点を表す前置詞で「……から」。場所にも時間にも使いますが、この場合は場所（↓『語法』12節7〜12）。**関**は関所ですが、多く最も代表的な関所である函谷関《かんこくかん》を指します。長安《ちょうあん》を中心とする関中《かんちゅう》と、洛陽《らくよう》を中心とする中原《ちゅうげん》（黄河《こうが》中下流域）をつなぐ要所。「自関以東」で、朱家が住む魯の国を含む、中原の地。日本でも箱根の関所を函谷関になぞらえて、東を関東、西を関西（逢坂《おうさか》の関より西などの場合もあります）と言ったりします。

莫［なシ］は、誰も・何も……無い。**延頸**は、首を長くして待ち望むこと。「延《べテ》レ頸《くびヲ》企《つまだツ》レ踵《きびすヲ》」

ということばがありますが、首を長くすることも、踵《きびす》（かかと）を企《つまだ》てることも、遠くを見ようとする様子から、待ち望むこと。「函谷関以東では、（朱家を）仰ぎ見て交わりを願わない者はいなかった」。

それでは最後に返り点をつけて読んでみましょう。

返り点

家無㆓餘財㆒、衣不㆑完㆑采、食不㆑重㆑味、乗不㆑過㆓軥牛㆒、専趨㆓人之急㆒、甚㆓己之私㆒。既陰脱㆓季布将軍之阨㆒、及㆓布尊貴㆒、終身不㆑見也。自㆑関以東、莫㆑不㆓延㆑頸願㆒㆑交焉。

家に餘財無く、衣は采を完《おさ》めず、食は味を重ねず、乗は軥《こう》牛に過ぎず、専ら人の急に趨《はし》ること、己の私よりも甚だし。既に陰《ひそ》かに季布将軍の阨《やく》を脱せしむるも、布の尊貴なるに及び、終身見《まみ》えざる也。関自り以東、頸を延べて交わりを願わざるなし。

コラム③ 平声・上声・去声・入声（四声）

日本語では、箸と端の「はし」を、多くの地域でアクセントを変えて区別します。同様に、多くの漢字を有する中国語では古来、漢字音の声調（音調の高低・上げ下げ）を変えることで、判別を容易にしてきました。

中国六朝の斉《せい》・梁の頃（五世紀後半）から、中国人はそのことを意識し始め、大きく平《ひょう》・上《じょう》・去《きょ》・入《にゅう》の四つの声調に分類しました。これを四声といいます。すべての漢字は、この四声のどれか一つ、あるいは二つ以上に属します。

平声《ひょうしょう》（ヘイセイとも）は高く平らかな音、上声《じょうしょう》は上がる音、去声《きょしょう》は下がる音、入声《にっしょう》は詰まる音（声門閉鎖音）、などと説明されることがありますが、時代や地域によって実際の発音はさまざまです。しかし、ある漢字がどの声調に属するかは、時代や地域が変わってもほぼ変わりがありません。

中国から日本に漢字が伝わると、日本漢字音では声調の区別は失われていきました。しかし、漢詩を作るときには、一定の規則があり、漢詩人たちは中国語を話せなくても、声調を知る必要があり、現在でも漢和辞典にはこの区別が載せられています。お手許の漢和辞典をご覧ください。こんなマークがあるのを不思議に思った方がおられるかもしれません。

東

これは「韻目」と呼ばれるもので、これが四声を表しています。

平声 東　上声 董　去声 送　入声 屋

とマークの位置が左下から時計回りに、平上去入の順に並んでいて、これによりある漢字の声調を知ることができます。

一つの漢字に、二つ以上の声調がある場合、おおむね声調が異なれば、意味も異なります。

載 車6〈13〉1-26-60 8F09 常｜サイ 漢呉 一 隊 精代 zài 二 賄 精海 zǎi

「載」字〈サイ〉には、〔一〕去声、〔二〕上声、の二つの声調がありますが、それによって〔一〕のせる（など）、〔二〕とし（など）、という異なる意味を示すことがわかります。

「載」〈サイ〉には、載せるという意味、記録するという意味、二つあります、とだけ説明してもよいのですが、本書では、漢字や古典中国語にさらに興味をもっていただくために、ときどき四声（平声・上声・去声・入声）という用語を説明に使いました。ぜひ漢和辞典を引いてみてください。

第８日　田　仲

ここからは田仲《でんちゅう》の逸話。游俠は魯《ろ》の国だけにいたのではありませんでした。まず訳文を読んでみましょう。

現代語訳

楚《そ》の田仲《でんちゅう》は俠《きょう》によって名が聞こえ、剣術を好んだ。朱家《しゅか》を父のようにして仕えたが、自身の行いは朱家には及ばないと考えた。田仲が死んだのち、雒陽《らくよう》には劇孟《げきもう》がいた。周の人は商売で生計を立てていたが、劇孟は任俠で諸侯の間に名をはせた。呉《ご》・楚七国《しちこく》で反乱がおこった時、条侯《じょうこう》（周亜夫《しゅうあふ》）は太尉《たいい》となり、駅伝の馬車を乗り継ぎ、河南《かなん》（洛陽）に着こうとするところで、劇孟を味方につけ、喜んで「呉・楚は大事を起こしながら、劇孟を招こうとしない。私は彼らが何も行えないとわかるのだ」と言った。天下が騒乱した際に、宰相（周亜夫）が彼を味方につけたのは、敵国一つを手に入れたようなものだった、という。

訓読は、このようになります。

訓読文

楚《そ》の田仲《でんちゅう》 俠《きょう》を以《もっ》て聞《き》こえ、剣《けん》を喜《この》む。朱家《しゅか》に父事《ふじ》し、自《みずか》ら以為《おもえ》らく行《おこな》い及《およ》ばずと。田仲《でんちゅう》已《すで》に死《し》して、雒陽《らくよう》に劇孟《げきもう》有《あ》り。周人《しゅうひと》は商賈《しょうこ》を以《もっ》て資《もと》と為《な》し、而《しか》るに劇孟《げきもう》は任俠《にんきょう》を以《もっ》て諸侯《しょこう》に顕《あら》わる。呉《ご》・楚《そ》反《はん》せし時《とき》、条侯《じょうこう》 太尉《たいい》と為《な》り、伝車《でんしゃ》に乗《の》り、将《まさ》に河南《かなん》に至《いた》らんとして、劇孟《げきもう》を得《え》、喜《よろこ》びて曰《い》わく、「呉《ご》・楚《そ》大事《だいじ》を挙《あ》げ、而《しか》るに孟《もう》を求《もと》めず、吾《わ》れ其《そ》の能《よ》く為《な》す無《な》きを知《し》る已矣《のみ》」と。天下《てんか》騒動《そうどう》して、宰相《さいしょう》 之《これ》を得《う》るは、一敵国《いちてきこく》を得《う》るが若《ごと》しと云《い》う。

それでは、原文を区切りながら、とりくんでみましょう。

原文①

楚田仲以俠聞、喜剣。父事朱家、自以為行弗及。田仲已死、而雒陽有劇孟。

a　楚田仲以俠聞、喜剣　**以俠聞**は「俠で名が知られた」。朱家のところで同一のかたちがありました（→第7日1b）。**喜**［このム］は「よろこぶ」と読んでもよいのですが、ここでは目的語をとり、それでうれしくなることから、喜好・愛好すること。**剣**には、剣そのものと剣術と両方の意味がありますから、「喜剣」は名剣自体を好む、剣術を好む、となりますが、ここでは名剣の驕奢《きょうしゃ》さや価値の高さについては触れられていませんし、俠の話題ですから後者、「剣術を好んだ」。『史記』項羽《こうう》本紀《ほんぎ》に、項羽は若い頃「学レ書不レ成、去、学レ剣、又不レ成（学問をしたが成就せず、やめて、剣術を学んだがこれもまた成就しなかった）」とありますが、この「学剣」も剣の作り方を学ぶわけではなく、技能としての剣術を学ぶことです。

b　父事朱家　**事**［つかウ］は、……に従事すること・……の仕事をすること。英語の engage in です。日本史で『魏志《ぎし》』倭人伝《わじんでん》を学んだとき、卑弥呼《ひみこ》は「事《つかエ》二鬼道《ニ》一、能惑《クワス》レ衆《ヲ》」とあったのを覚えておられるかもしれません。「（田仲の）父は朱家の下で仕事をした」と解釈することも可能ですが、そうすると以下の文が田仲の父のことばかりで、田仲自身の事跡には全く触れられないことになりますから、何かがおかしい。ここは「師事する（師と仰いで仕える）」「兄事する（兄に対するかのように仕える）」

と同様に、**父**という名詞を「事」という動詞の修飾語として「父事した（相手を父として仕えた・実父に対するかのように仕えた）」と考えれば筋が通ります。

C　自以為行弗及　受験漢文で**以為**の二字について、何か特別な読み方を暗記させられた、だが「おもえらく」だったか「いずくんぞ」だったかぼんやりしている、という方、ご安心ください。どうして二字で「おもえらく」になるのか、ここでまとめてみましょう。

基本形は「以㆑A為㆑B」、Aを以てBと為す、と読みます。これは、

①「以㆑糵《げつ》為㆑酒」（麴《こうじ》で酒を造る。『漢書《かんじょ》』匈奴《きょうど》伝上）、Aを使ってBを作る。

という具体的な意味から、

②「以㆓荘周㆒為㆓模則㆒」（荘周《そうしゅう》を模範とする。『魏志』阮籍《げんせき》伝）、AをBとする。

のように抽象的な意味ともなり、そこから、

③「以㆑臣為㆑愚」（臣下である私を愚かだと考える。『説苑《ぜいえん》』政理《せいり》篇）、AをBと見なす・考える。

という意味に発展していきます。

③の例で、Aが省略されると「以為愚」（愚かだと考える）となります。「以て愚と為す」と読んでもよいのですが、日本語としてわかりやすくすれば、「以為《おもえ》らく愚なり」となるわけです。

自以為で、自分で考えるには。**行弗及**、弗〈フツ〉は否定の副詞。先秦《せんしん》では「不」と使い分けがされる（「弗」には否定する他動詞に目的語がつかない）ことが多いのですが、これは「弗」が「不之」〈フシ〉の合音として使われたことに由来します（→第11日1e）。『史記』の時代には曖昧になっていま

すので、ここでは「否定」として覚えておかれて結構ですが（興味のある方は、大西克也「上代中国語の否定詞「弗」「不」の使い分けについて――批判説の再検討」〔『日本中国学会報』四〇、一九八八〕などをご覧ください）、「及」の目的語が前を受けて「朱家」であることには注意してください。「自分では（自分の）行いは（朱家に）及ばないと考えた」、朱家ほどの義侠あふれる行動はできないと思ったわけです。

d　田仲已死、而雒陽有劇孟　**已**［すでニ］は、「……してから」でした、「田仲が亡くなった後に」。**雒陽**は洛陽（河南省）のこと。『史記』『漢書』『後漢書』で多く使われる表記ですが、漢は五行説《ごぎょうせつ》で火《か》徳《とく》にあたり、水を嫌うので、洛からさんずいを取り去り、隹を加えたという魏の魚豢《ぎょかん》の説が、唐の初めの学者、顔師古（五八一―六四五）の『漢書』注（地理志上）に見えます。魯の朱家、楚の田仲から、游侠の系譜は次に洛陽の劇孟に移ります。

原文②

周人以商賈為資、而劇孟以任侠顕諸侯。呉楚反時、条侯為太尉、乗伝車、将至河南、得劇孟、喜曰、呉楚挙大事、而不求孟、吾知其無能為已矣。天下騒動、宰相得之、若得一敵国云。

a　周人以商賈為資、而劇孟以任侠顕諸侯　東周《とうしゅう》（前七七〇～前二五六）の首都が洛邑《らくゆう》（洛陽）。**商賈**は、

対比させれば「商」は行商（人）、「賈《こ》」は座商すなわち有店舗商（人）ですが、ここでは複語となって商売（人）。**資**「もと」は、元手となる財貨、そこから生活の拠《よ》り所となる収入源。「以A為B」のかたちは前述（→第8日1c）。**顕諸侯**は第5日2d「顕名諸侯」と同様の表現。「周の人は商売を収入源としたが、劇孟は任侠によって諸侯の間で有名となった」。

b　呉楚反時、条侯為太尉、乗伝車、将至河南　**呉楚反**は、呉楚七国の乱。前一五四年、諸侯王の封地を削減しようとした景帝に対し、呉王劉濞《りゅうび》、楚王劉戊《りゅうぼう》ら七国の王が反乱を起こしたものです。**条侯**は、周亜夫《しゅうあふ》。漢建国の功臣・周勃《しゅうぼつ》の子です。周亜夫は文帝《ぶんてい》のとき「条侯」に封じられ、呉楚七国の乱では「太尉」（後の大司馬《だいしば》、軍部大臣）に任命され、一時河南（洛陽）にまで迫った反乱軍の平定に功あり、のちに丞相《じょうしょう》となりました。**伝車**《でんしゃ》は、宿駅の間をつなぐ馬車。**河南**は、漢代の河南郡河南県（洛陽）。「呉・楚の反乱がおこった時、条侯・周亜夫は太尉となり、駅伝の馬車を乗り継ぎ、河南（洛陽）に着こうとしたところで」。

c　得劇孟、喜曰、呉楚挙大事、而不求孟　**得**は、捕えるという意味もあり、「劇孟を確保して」とも訳せますが、「（会って）味方につけて」ぐらいのところでしょう。

挙「あグ」は、もと両手で持ち上げること、そこから起こす・始める。「呉・楚は大事を起こしながら、劇孟を求めない」。

d　吾知其無能為已矣　ちょっとわかりにくい部分なので、分析してみましょう。**吾知**は、「私は……のことを知っている・がわかる」。**其**「そノ」は「呉・楚が」。

無能為已矣は三通りの読みが考えられます。

一つ目は「已」を「已《やム》」と動詞で読み、「能く已むを為すこと無し」、しかし「已む」は動詞ですから、わざわざ「為す」をつける必要はありません。『中庸《ちゅうよう》』に「吾弗レ能レ已矣（私はやめることができない）」という例がありますが、「吾弗能為已矣」とは書かないのです。

二つ目は、同様に「已《やム》」と読み、「能く為《ため》に已むこと無し」（○○のために××をやめることはできない）とするもの。しかし前後を読んでも、うまく○○、××に入るものが見当たりません。

そこで三つ目、「無能為」を「能く為すこと無し」として、「已矣」は最後の置き字と読んでみます。「而已」は、二字で「のみ」と読みましたが（↓第4日3e）、強い意味のない「而」が省かれた「已」一字でも「のみ」と読み、完了や確定を表します。文末の助詞「矣」も同様に、完了や状態の変化などの語気を表します。この二つの類似語を連用して**已矣**とすると、前の状況が終り、ある新しい状況が発生したり、しようとしていることを表します。『論語』学而篇に「子曰、賜也、始可二与言一レ詩已矣（先生はおっしゃった「子貢や、やっと一緒に『詩経』について語ることができるようになった」）」というのがその例です。ここでは「吾知……已矣」で「私は……であることがわかった」。あわせて「私は彼らが何も行えないとわかった」。『孟子《もうし》』梁恵王《りょうけいおう》篇上《じょう》の「放辟邪侈《ほうへきじゃし》、無《シ》レ不《ル》レ為《サ》已（放辟邪侈、どんなことでもやるのである）」も似たかたちですね。以上、『語法』35節M21も参照してください。

e　天下騒動、宰相得之、若得一敵国云　**天下騒動**は「天下が騒動する」という主語＋述語の構造ですが、全体で「天下が騒動する時」という修飾句になっています。**宰相**は秦漢では最高行政長官、丞《じょう》相《しょう》・相国《しょうこく》・三公《さんこう》（太尉はその一つ）などが相当します。周亜夫はのちに丞相にもなりますが、この辺りの混乱を避けてか、『漢書』では「宰相」を「大将軍」と記します。若［ごとシ］は「如」と同じく「……同様である」。

云も勉強しました（↓第1日2b）。文末に置かれ「……と云う」と訓読しますが、主語が「云」うわけではなく、断定を避けて「ということだ」「であるらしい」という語気を表すのでした。「天下が騒乱した際に、宰相が彼を味方につけたのは、敵国一つを手に入れたようなものだった、といわれる」。

それでは最後に返り点をつけて読んでみましょう。始めの現代語訳も忘れずに。

返り点

楚田仲以レ侠聞、喜レ剣。父二-事朱家一、自以為行弗レ及。田仲已死、而雒陽有二劇孟一。周人以二商賈一為レ資、而劇孟以二任侠一顕二諸侯一。呉楚反時、条侯為二太尉一、乗二伝車一、将至二河南一、得二劇孟一、喜曰、呉楚挙二大事一、而不レ求レ孟、吾知三其無二能為一已矣。天下騒動、宰相得レ之、若レ得二一敵国一云。

楚の田仲 俠を以て聞こえ、剣を喜《この》む。朱家に父事《ふじ》し、自ら以為《おもえ》らく行い及ばずと。田仲 已に死して、雒陽に劇孟有り。周人は商賈を以て資と為し、而るに劇孟は任俠を以て諸侯に顕わる。呉・楚反せし時、条侯 太尉と為り、伝車に乗り、将に河南に至らんとして、劇孟を得、喜びて曰わく、「呉・楚大事を挙げ、而るに孟を求めず、吾れ其の能く為す無きを知る已矣《のみ》」と。天下騒動して、宰相 之を得るは、一敵国を得るが若しと云う。

第9日　劇孟・王孟

続いて劇孟《げきもう》本人の具体的な逸話と、王孟《おうもう》という游侠の逸話です。分量は少なめですので、一息入れてください。訳文を読んでみましょう。

現代語訳

劇孟《げきもう》の行いはとても朱家《しゅか》に似ていたが、賭博《とばく》を好み、若者らしい戯れを多くした。しかし劇孟の母が亡くなると、遠方から送葬に集まった車がおよそ千台もあり、劇孟が死んだときには、家に余計な財産は十金もなかった。

そして符離《ふり》の人、王孟もまた侠ということで長江《ちょうこう》・淮水《わいすい》の間の地域で称《たた》えられていた。この時、済南《さいなん》の瞯《かん》氏・陳《ちん》の周庸《しゅうよう》もまた豪《ごう》ということで評判だったが、景帝《けいてい》がこれを耳にし、使者を出してその関係者をことごとく誅殺《ちゅうさつ》させた。その後、代郡《だいぐん》の白氏《はくし》一族・梁《りょう》の韓無辟《かんむひ》・陽翟《ようたく》の薛兄《せっきょう》・陜《こう》の韓孺《かんじゅ》なども、入り乱れるように現れた。

訓読はこうです。

訓読文

劇孟《げきもう》の行《おこな》いは大《おお》いに朱家《しゅか》に類《るい》し、而《しか》して博《はく》を好《この》み、少年《しょうねん》の戯《ぎ》多《おお》し。然《しか》れども劇孟《げきもう》の母《はは》死《し》するや、遠方自《えんぽうよ》り喪《そう》を送《おく》るもの蓋《けだ》し千乗《せんじょう》なり、劇孟《げきもう》死《し》するに及《およ》びて、家《いえ》に十金《じっきん》の財《ざい》を餘《あま》す無《な》し。

而《しこ》うして符離《ふり》の人王孟《ひとおうもう》、亦《ま》た俠《きょう》を以《もっ》て江淮《こうわい》の間《かん》に称《しょう》せらる。是《こ》の時《とき》済南《さいなん》の瞷氏《かんし》・陳《ちん》の周庸《しゅうよう》も亦《ま》た豪《ごう》を以《もっ》て聞《き》こえ、景帝《けいてい》之《これ》を聞《き》き、使《し》をして尽《ことごと》く此《こ》の属《やから》を誅《ちゅう》せ使《し》む。其《そ》の後代《ごだい》の諸白《しょはく》・梁《りょう》の韓無辟《かんむひ》・陽翟《ようたく》の薛兄《せっきょう》・陝《こう》の韓孺《かんじゅ》、紛紛《ふんぷん》として復《ま》た出《い》ず。

それでは、原文を区切りながら、とりくんでみましょう。

原文①

劇孟行大類朱家、而好博、多少年之戲。然劇孟母死、自遠方送喪蓋千乘、及劇孟死、家無餘十金之財。

a　劇孟行大類朱家、而好博、多少年之戲　類［るいス］は、似ていること。日本語では音で読むと意味がぼやけることがありますので、「にる」と訓じてもかまいません。**博**は、賭博・博打《ばくち》。もと「六博《りくはく》」という古代のゲームで、六本の棒と十二個の駒を用いたものだそうですが、広くゲームによる賭け事を指します。**少年**は、こどもではなく青年。**戯**は、うれしくなるような遊びやふざけ。

訳文は「劇孟の行いはとても朱家に似ていたが、賭博を好み、若者らしい戯れを多くした」としました。先の朱家の伝には、若者らしい稚気は描かれていなかったので、朱家に似ていたとはいえ、劇孟の方はもう少し若者らしくやんちゃだったと解釈したからです。しかし、朱家も劇孟もやんちゃなところがあったと取って、「劇孟の行いはとても朱家に似ていて、賭博を好み、若者らしい戯れを多くした」かもしれません。この二つの解釈は「而」がそれ自体では意味のない接続詞であることから生じます。

b　然劇孟母死、自遠方送喪蓋千乗　**然**は「如レ是」（かくのごとし）、順接の「しかして」なのか、逆接の「しかるに」なのか、添加の「しかも」なのかは、前後の文脈から判断するのでした（→第2日1b）。ここでは、前文に賭博好きというほめられない特徴、次文に葬儀に人が集まる人望の深さが書かれますので、逆接でいきましょう。

自「よリ」は起点を表す前置詞で「……から」。場所にも時間にも使うのでした（→『語法』12節7～12）。**遠方**がつくのは『論語《ろんご》』の冒頭の「有レ朋自二遠方一来、不二亦楽一乎」でおなじみです。**送喪**は、「喪」は葬式・葬礼、「送る」は、見送ることで、（墓地に行く）ひつぎを見送ること（人）・会葬すること（人）。**蓋**「けだシ」は、数量の前について、およそ・おそらく。**乗**は、車を数える助数詞、日本語の「台」。「そうではあるが劇孟の母が亡くなると、遠方から会葬に来た車がおよそ千台もあった」。

C　及劇孟死、家無餘十金之財　**及**［およビ］は、……の時になると。もう見慣れてますね。**餘**は「家無餘財」のところでやりました（→第7日2a）、余分な・あり余る。**十金**は、十斤あるいは十鎰《いつ》の金。十斤は当時の度量衡で約二・五キログラム。一鎰は二十両、一説に二十四両で、十鎰は三・二〜三・八キログラム。いずれにせよ概数です。この「十金」の金が、多いか少ないかは難しいところで、一時に使う金額としては大変多く（『晋書《しんじょ》』范寧《はんねい》伝、杜甫《とほ》「奉《ル》㆑贈《リ》㆓射洪《しゃこう》李《り》四丈《しじょう》《ニ》㆒」詩など）、財産としては非常に少ない。貧乏で有名な揚雄《ようゆう》の家産も「十金」でした（『漢書《かんじょ》』揚雄伝上）。「劇孟が亡くなると、家には余分な十金の財産もなかった」。

それでは最後に返り点をつけて読んでみましょう。

返り点

劇孟行大類㆓朱家㆒、而好㆑博、多㆓少年之戯㆒。然劇孟母死、自㆓遠方㆒送㆑喪蓋千乗、及㆓劇孟死㆒、家無㆑餘㆓十金之財㆒。

劇孟の行いは大いに朱家に類し、而して博を好み、少年の戯多し。然れども劇孟の母死するや、遠方自り喪を送るもの蓋し千乗なり、劇孟死するに及びて、家に十金の財を餘す無し。

原文②

而符離人王孟、亦以侠称江淮之間。是時済南瞯氏・陳周庸亦以豪聞、景帝聞之、使使尽誅此属。其後代諸白・梁韓無辟・陽翟薛兄・陝韓孺、紛紛復出焉。

a　而符離人王孟、亦以侠称江淮之間　**而**はそれ自体は意味のない置き字でしたが、もしこの字がないと、前文の「家無餘十金之財符離人王孟……」とつながり、例えば「十金之財符、離人王孟……」と読まれてしまう可能性があるので、切れ目を入れる働きを果たします。**符離**は、漢代沛《はい》郡（劉邦の故郷）に属した県名で、現在の安徽《あんき》省宿州《しゆくしゆう》市。

亦「また」は「……もまた」。**以侠称**は、第8日1aに「楚田仲以侠聞」とあったのと同様のかたちです、「侠でもって称される」。**江淮**《こうわい》は、長江と淮水。淮水は、華北と華南の境界線となる大河です。「江淮之間」は動詞「称」の目的語のようにも見えますが、そうすると「侠でもって江淮の間を称《たた》えた」となり、意味が通りません。「江淮」が河川名、「江淮之間」が地域名であることに注目し、場所を表す汎用の前置詞「於」（この前置詞は多くの場合省略可能です）をその前に入れ、「称於江淮之間」として考えるとわかりやすくなります。「長江・淮水の間の地域で評判が高かった」。

b　是時済南瞯氏・陳周庸亦以豪聞　**済南**《さいなん》郡は、現在の山東《さんとう》省済南市。**瞯**《かん》は、うかがい見る、という意味ですが、珍しい姓です。「酷吏《こくり》列伝」によれば、済南の瞯氏は一族が三百余家もあり、太守も制止できない権力を持ちましたが、酷吏（苛酷な官吏）の郅都《しっと》が太守となると、滅ぼされました。

陳は、春秋《しゅんじゅう》時代の国名、現在の河南省《かなん》淮陽《わいよう》（周口市《しゅうこう》）から安徽省亳州《はくしゅう》一帯の地域。**周庸**は人名、『漢書』には周膚《ふ》と表記され、事跡はよくわかりません。**亦以豪聞**、「亦」と書かれているのは、王孟は「俠」で評判、瞯《かん》氏・周庸もまた「豪」で評判。ともに流動勢力・在地勢力としてこのあと中央から排斥されます（↓漢文談義③）。「この時、済南の瞯氏・陳の周庸もまた豪ということで評判だった」。

c　景帝聞之、使使尽誅此属　漢の**景帝**劉啓《りゅうけい》（在位、前一五七～前一四一）は、武帝の父親で、司馬遷が生まれたころ亡くなった皇帝です。

ここでは**使使**という見慣れぬかたちに驚かず、いきなり「使」が現れたところで、使役文だと見抜きます（↓第6日2d・『語法』32節）。

使役文は「使・令・教・遣」などの使役の動詞を用いて、

〔使役動詞（使）〕＋〔物・人〕＋〔動詞〕＋〔目的語〕

のかたちをとるのでした。ここでは、

〔使役動詞（使）〕＋〔人（使）〕＋〔動詞（尽誅）〕＋〔目的語（此属）〕

と分けられれば、もう解読できます。「使者に……させた」わけです。使者は前述『漢書』によれば郅都という人でした。**誅**は、責任を問うて罰すること、多くは殺す（殺される）ことを表しました（↓第4日1g）。**属**［やから］は、身内・仲間。「使者にこれらの輩《やから》をことごとく誅殺させた」。

d　其後代諸白・梁韓無辟・陽翟薛兄・陜韓孺、紛紛復出焉　ここは地名が多く出てきます。諸注の考証によって以下に記しますが、興味のない方は、読み飛ばしてくださってかまいません。

代郡は、現在の河北《かほく》省蔚《うつ》県の西南。**諸**は白氏が一家ではなく複数家あったことを示します。**梁**は、漢代には河南郡に属する梁県（現在の河南省汝州《じょしゅう》市）がありましたが、それより広く戦国時代の魏《ぎ》（首都を大梁《たいりょう》〔河南省開封《かいほう》市〕に置いたことから「梁」と称される）の地域かもしれません。**陽翟**《ようたく》県は、現在の河南省禹州《うしゅう》市。「翟」は人の姓や地名の場合、音〈タク〉。**陝**〈コウ・キョウ〉は、諸注の考証によると漢代潁川《えいせん》郡に属した「郟《こう》」県（現在の河南省平頂山《へいちょうざん》市）ではないかとされていますが、「陝《せん》」県（河南省陝県）とする説もあります。

白氏・韓無辟《むひ》（『漢書』は毋辟《むひ》とする）・薛兄《せつきょう》・韓孺《かんじゅ》（『漢書』は寒孺《かんじゅ》とする）、いずれの人物も詳細不詳です。

紛紛は多くのものが入り乱れるさま。**焉**という助詞は、「於此」（ここに）と同義、あるいは文末の語調を整えるものとされますが、ここでは特定の地域を言挙げして示しているわけでもないので、「ここに」とわざわざ読まなくてもよいでしょう。

それでは最後に返り点をつけて読んでみましょう。

返り点

而符離人王孟、亦以レ侠称二江淮之間一。是時済南瞯氏・

陳周庸亦以レ豪聞、景帝聞レ之、使三使尽誅二此属一。其後代諸白・梁韓無辟・陽翟薛兄・陜韓孺、紛紛復出焉。

而うして符離《ふり》の人王孟、亦た俠を以て江淮の間に称せらる。是の時済南《さいなん》の瞯《かん》氏・陳の周庸も亦た豪を以て聞こえ、景帝 之を聞き、使をして尽く此の属を誅せ使む。其の後代の諸白・梁の韓無辟《むひ》・陽翟《ようたく》の薛兄《せつきょう》・陜《こう》の韓孺、紛紛として復た出ず。

コラム④ 『史記』の注釈

古典作品は時代が下れば下るほど、読者にわかりにくくなります。紀元前九〇年前後に成立した『史記』にも歴代、多くの注釈が作られてきました。

六朝宋《りくちょうそう》（劉宋）の裴駰《はいいん》による『史記集解《しっかい》』
唐の司馬貞《しばてい》による『史記索隠《さくいん》』
唐の張守節《ちょうしゅせつ》による『史記正義《せいぎ》』

以上が「三家注《さんかちゅう》」と称され、まず参照すべきものとされています（これらをまとめた二十四《にじゅうし》史《し》修訂本『史記』（中華書局）は、現在もっとも標準的なテキストです）。

また日本の瀧川資言《たきがわすけのぶ》（資信は字、〈シゲン〉とも。名は龜太郎《かめたろう》、号は君山。一八六五～一九四六）による『史記 会注考証《かいちゅうこうしょう》』は諸注・テキストを参照して考証したもので、「三家注」を補訂するものとして定評があります。

本書では基本的に「三家注」と『史記会注考証』、さらに『史記』の漢代の部分を書き直した『漢書《かんじょ》』游侠伝の諸注、特に王先謙《おうせんけん》による『漢書補注《かんじょほちゅう》』を参考にして解釈を行っています。

第10日　郭解（一）

いよいよ「游侠列伝」の中でも最も長い郭解《かくかい》の伝記に入ります。五回にわけて読むことにします。まず最初の段です。

いつものように訳文から入りましょう。

現代語訳

郭解は軹《し》の人で、字《あざな》は翁伯《おうはく》といい、すぐれた人相見であった許負《きょふ》の外孫である。解の父は任侠の行いが原因で、文帝の時代に誅殺《ちゅうさつ》された。解は体格は小柄で気性が荒く、酒を飲まなかった。若いころは残忍で、かっとして気にさわると、自分で相手を殺してしまうことがたいへん多かった。身をもって交誼《こうぎ》ある者を助けて仇を討ったり、お尋ね者をかくまって悪行を働いたり、強奪もしょっちゅうであり、さらに偽金作りや墓の盗掘など、数えればきりがない。たまたま天が味方して、危急のさいはいつも逃げおおせるか、あるいは恩赦《おんしゃ》がめぐってきた。

解は年をとると、態度を改めて我を張らずに謙虚になり、徳で怨みに報い、施しは厚くして人からは多くを望まなかった。しかしながら自ら好んで俠を為すことはさらに増し、人の命を救いながら、その功を誇らなかったが、その残忍さは心に染みつき、ちょっと睨んだ目つきにそれが出るのは、もとのままだったという。そして若者はその行いを慕い、また何かというと仇を討ったが、解には知らせなかった。

訓読は以下の通りです。

訓読文

郭解《かくかい》は軹《し》の人也《ひとなり》、字《あざな》は翁伯《おうはく》、善《よ》く人《ひと》を相《み》る者《もの》の許負《きょふ》の外孫也《がいそんなり》。解《かい》の父《ちち》は任俠《にんきょう》を以《もっ》て、孝文《こうぶん》の時《とき》に誅死《ちゅうし》せらる。解《かい》は人《ひと》と為《な》り短小精悍《たんしょうせいかん》、酒《さけ》を飲《の》まず。少時陰賊《しょうじいんぞく》、慨《がい》して意《い》に快《こころよ》かざれば、身《みずか》ら殺《ころ》す所甚《ところはなは》だ衆《おお》し。軀《み》を以《もっ》て交《こう》を借《たす》けて仇《きゅう》に報《むく》い、命《めい》を蔵《ぞう》して姦《かん》を作《な》し、剽攻《ひょうこう》して休《やす》まず、及《およ》び銭《せん》を鋳《ちゅう》し冢《ちょう》を掘《ほ》ること、固《もと》より勝《あ》げて数《かぞ》う可《べ》からず。適《たま》たま天幸有《てんこうあ》り、窘急《きんきゅう》なるも常《つね》に脱《だつ》するを得《う》、若《も》しくは赦《しゃ》に遇《あ》う。

解《かい》は年長《としちょう》ずるに及《およ》んで、更《あらた》めて節《せつ》を折《お》りて倹《けん》を為《な》し、徳《とく》を以《もっ》て怨《おん》に報《むく》い、厚《あつ》く施《ほどこ》して薄《うす》く望《のぞ》む。然《しか》るに其《そ》の自《みずか》ら喜《この》んで俠《きょう》を為《な》すこと益《ます》ます甚《はなは》だしく、既《すで》に人《ひと》の命《いのち》を振《すく》うも、其《そ》の功《こう》を矜《ほこ》らず、其《そ》の陰賊《いんぞく》は心《こころ》に著《つ》き、卒《にわ》かに睚眦《がいさい》に発《はっ》すること故《もと》の如《ごと》しと云《い》う。而《しか》るに少年《しょうねん》は其《そ》の行《おこな》いを慕《した》い、亦《ま》た輒《すなわ》ち為《ため》に仇《きゅう》に報《むく》い、知《し》ら使《し》めざる也《なり》。

原文を区切りながら、とりくんでみましょう。

原文①

郭解、軹人也、字翁伯、善相人者許負外孫也。解父以任俠、孝文時誅死。解為人短小精悍、不飲酒。少時陰賊、慨不快意、身所殺甚衆。

a　郭解、軹人也、字翁伯　**軹**〈シ〉県はいまの河南《かなん》省済源《せいげん》市の南。洛陽から黄河を挟んで北側の地で、有名な刺客聶政《じょうせい》の出身地でもあります。

字は、社会のつきあいの中で用いる名。つまり「字」があるということは、社会的地位がある人物ということになります。「郭解は軹の人であり、字は翁伯《おうはく》」。

しかし『漢書』游俠伝では「字翁伯」の三字が削られ、姉のことばの中でのみ郭解は「翁伯」と呼ばれ、別に油売りで千金をなした人物も「翁伯」（貨殖伝）と呼ばれています。あるいは、「翁伯」は「親分《おやぶん》」「親方」といった呼び名だったのかもしれません（翁も伯も年長者を表す尊称）。ちなみに『漢書』

貨殖伝の「翁伯」は、もとの『史記』貨殖列伝では「雍伯《ようはく》」と記されています。

司馬遷は、みなが郭解を「翁伯」と呼んでいたのでそれを字《あざな》だと考えた。一方班固《はんこ》は、「翁伯」を「親分」という呼び名だと理解して「字翁伯」を削り、他所に見える「雍伯」も「翁伯」と統一した（くずし字の「雍」と「翁」は似ています）。司馬遷と班固の記載の違いは、そんないきさつだったのではないかと想像できる箇所です。

b　善相人者許負外孫也　**善相人者**は、「相人」、つまり人相を見るのが「善」、うまい者。この場合の「相」は目的語をともなう動詞で、中国語では去声で読みます（→コラム③）。「人を相《み》る」（相《そう》す、と音読してもかまいません）で人相見をするという意味になりますが、「相人」という熟語（動詞）で読むこともあります。その場合は「善く相人する者」となります。この部分は下の「許負《きょふ》」を修飾しています。

許負は『史記』外戚世家《がいせきせいか》および絳侯周勃《こうこうしゅうぼっ》世家にも名が見える前漢の有名な女性の人相見で、高祖劉邦《りゅうほう》が鳴雌《めいし》亭《てい》侯に封じたとも言われています（『楚漢春秋《そかんしゅんじゅう》』）。「負」は名前ではなく老婦人に対する呼び名であったようです。ちなみに婦は「媍」とも書きました。**外孫**は嫁いだむすめが生んだ子ですから、郭解は、人相見がうまい許負のむすめの子であった、ということになります。

c　解父以任侠、孝文時誅死　劇孟は「以《テ》二任侠《ヲ》一」諸侯の間で評判となりましたが（→第8日2a）、郭解の父は**以任侠**……**誅死**、つまり誅せられて死す、ですから、罪を問われて刑死したということになります。やはり殺人などを犯したのかもしれません。**孝文**は漢の文帝（前二〇三生まれ。在位、前一八〇～前一五七）。諡号《しごう》（死後に贈られる呼び名）は正式には「孝文皇帝」ですが、通常略して「文帝」と呼ばれます。漢代は儒教が重んじられ、皇帝の正式な諡号には「孝」の字が冠せられています。

d　解為人短小精悍　**為人**は、「ひととなり」と読んで、生まれつきの性格や外貌《がいぼう》を言います。人として総体的に見ると、ということで、意味はずれますが「生まれつき」と訳すことが多いです。ただ、ここではややそぐわないように思いましたので、「体格」と「気性」にわけて示しました。**短小**は小柄なこと。**精**はすぐれていること、**悍**は力強いさま。「精悍《せいかん》」で優秀で強靱であること。「短小精悍」は、ここから熟語となり、例えば唐・杜甫《とほ》の「八哀詩《はちあいし》・贈《ル》二司空王公思礼《しくうおうこうしれいニ》一」に「短小精悍姿《ノ》、屹然《きつぜんトシテ》強《しのグ》二寇敵《ヲ》一（小柄だが精悍な姿、山のごとく強敵に立ち向かう）」のように、使われます。「解の体格は小柄で、気性はすぐれて強靱で」。

e　不飲酒　任侠の徒というと、酒がつきもののようですが、飛び抜けた存在はどこかの側面で禁欲的であったりします。あるいは酒を飲めないたちだったのかもしれません。周囲に流されて酒杯に口をつけることはしなかったというような姿も想像されます。

f　少時陰賊　**少**は「少《すくなシ》」ではなく「少《わかシ》」、中国語では去声で読みます、「若い頃」。「少年」ということばも、「年が少ない」ではなく「少《わか》い年」（→コラム③）。

陰賊は、陰険で人を害する衝動があること。**賊**は、残忍なさま、まともでないさま。**陰**を心の中で、とする解釈も古くからありますが、「陰」と「賊」を類義で重ねて複語とし、残忍なさまを言うのだとここでは解釈しておきます。

g　慨不快意　**慨**は気が昂《たかぶ》ること。「感慨」「慨嘆《がいたん》」などの熟語があります。「気持ちが昂ぶって、気に入らないと」。

h　身所殺甚衆　**身**［みずからラ］は、自分の手で。「身自」など二字の複語になることもありますが意味は変わりません。**所殺**は、殺す（した）対象。**衆**［おおシ］は、人が多い。対になる語は「寡」。「衆《しゅう》寡《か》敵せず」などと言います。「手ずから殺した者は大変多かった」。

こうしてみると、郭解はかなり危険な人物だったことがわかります。一方で、母方の祖母が有名な人相見であったことが記されるのは、彼の特別さを言おうとしてのことかもしれません。人を見ぬく目がある、ということを連想させるからです。

返り点をつけて振り返ってみましょう。

返り点

郭解、軹人也、字翁伯、善相レ人者許負外孫也。解父以一任侠二孝文時誅死。解為レ人短小精悍、不レ飲レ酒。少時陰賊、慨不レ快レ意、身所レ殺甚衆。

郭解は軹の人也、字は翁伯、善く人を相る者の許負の外孫也。解の父は任侠を以て、孝文の時に誅死せらる。解は人と為り短小精悍、酒を飲まず。少時陰賊、慨して意に快かざれば、身《みずか》ら殺す所甚だ衆し。

原文②

以軀借交報仇、蔵命作姦、剽攻不休、及鋳銭掘冢、固不可勝数。適有天幸、窘急常得脱、若遇赦。

郭解のアウトローぶりが続きます。

a　以軀　以［もって］がどこまでを受けるかですが、「軀借」ということばはありそうにないですし、後半の「借交・報仇」が熟語のようなので、「以㆑軀」で切りましょう。**軀**は、からだ。「以軀」は、直訳すれば、身をもって、ということになりますが、たんに自分の体を使ってということではなく、身命をなげうって、という含意があります。

b　借交報仇　まず後ろの**報仇**は、「仇に報《むく》ゆ」、憎む相手に対し報復をすることです。訳は「仇を返す」でも結構ですが、「仇を報《むく》ゆ」ではないのでご注意ください。

借交は、交誼のある者を助けて。訓読は「交に借《か》して」と読んでもかまいません。「借」には、かりる、だけでなく、かす、の意味もありますが、力や物資をかすことは、相手を助けることになります。『漢書』朱雲伝に「借〻客報〻仇」という、ここと同様の表現がありますが、『漢書』顔師古（↓第8日1d）注には「借、助也」とあります。この部分は「交際関係の力を借りて敵に報復する」のようにも読める気がしますが、直前に「以軀」があるので、「身をもって交際関係の力を借りて」では意味が通じません。司馬遷は「貨殖《かしょく》列伝」でも、「借交報仇」の語を使います。

c 蔵命作姦　**蔵命**は、名を隠して。もしくは、お尋ね者をかくまって。**命**には、動詞として「名づける」、形容詞として「名高い」、名詞として「名」という意味があります。「亡命」ということばは、戸籍の「名（命）」を消して逃亡することです。「蔵」［かくス］は、おさめて隠すこと。対応する箇所の『漢書』の顔師古注（↓第8日1d）に「臧命、臧亡命之人也」（臧〈ゾウ〉は蔵〈ゾウ〉と音通）とあるのに従い、多くの訳書は「蔵命」を「亡命した人をかくまう」としていますが（国家に対する犯罪です）、要はお尋ね者、指名手配者ということでしょう。他方、自分の名を隠して、という唐の張守節の簡潔な説（『史記正義』）も捨てがたいところがあります。いずれにしても、「命」が命令・命名・生命の意味をもつことは意識しておきましょう。**姦**は、悪事。「お尋ね者をかくまって悪事を行い」。

d 剽攻不休　**剽**［かすメル］は、ぬすむ・うばう。剽窃《ひょうせつ》の剽です。**攻**［せム］は、（武力で）おそうこと。「剽攻」で強奪するの意と解してよいでしょう。**不休**［やマズ］は、やまないこと。やすむ、ではなく、やむ、と訓じます。

e 及鋳銭掘冢、固不可勝数　**及**［およビ］は、接続詞で「……と……」・A及びBの「および」。「鋳銭」はもちろん政府以外の者がすれば違法。**冢**〈チョウ〉は、墓。墓を掘って、埋蔵品を盗掘するわけです。固は、もとより・もちろん（→第1日3d）。不可勝数は前に出てきましたね（→第3日3d）。強盗はしょっちゅう、偽金造りや盗掘ももちろん数えきれないほど、という人物でした。
　この「蔵命作姦、剽攻不休、及鋳銭掘冢」の部分について、清朝の考証学者、王念孫《おうねんそん》（一七四四〜一八三二）は、本文に問題があるのではないかと指摘しています（『読書雑志』三）。その説はおおむね以下の通り。

　『漢書』游侠伝では同じ部分を「臧命作姦剽攻、休乃鋳銭掘冢」（亡命者をかくまい姦悪を行い強盗をし、それが止んだかと思えば偽造銭を作り墓を盗掘する）とし、『史記』貨殖列伝でも「起則相随椎剽、休則掘冢」（起てば則ち相随いて椎剽《ついひょう》し、休めば則ち冢を掘る）」（動けば徒党を組んで殺人強盗し、止めば墓を盗掘する）とする。本来『史記』の原文も「蔵命作姦剽攻、休乃鋳銭掘冢」であったのを、「乃」が「及」に誤記され、意味が通らなくなったので、後人が「休」の前に「不」を加えてしまったのではないか。

　たしかにそう読めば、前の「以軀借交報仇」から六字句が続いてリズムもよく、「貨殖列伝」の例を見ても、王念孫の説は説得力があります。『史記』が書かれて二千年ほど経っても、こうした説が現れるのは、古典解釈の醍醐味《だいごみ》です。とはいえ本書は、現行の『史記』のテキストをできるだけ忠実に読んでいく、という方針ですので、原文通り読んでいます。

f　適有天幸、窘急常得脱、若遇赦　**適**は、たまたま・うまい具合に。**天幸**は、天のさいわい、僥倖《ぎょうこう》。**窘急**は、苦難・危急。「窘」〈キン〉は、苦しむこと。「急」は、危急・差し迫ったこと。**若**は、もしくは、そうでない場合には。**赦**は、赦免《しゃめん》。古代中国では、国の慶事があると恩赦が行われるのが例でした（現代でも各国に恩赦の制度はあります）。運には恵まれていたのです。「うまい具合に僥倖には恵まれ、危急のときでも常に逃げ切るし、あるいは恩赦に遇《あ》った」。

ここまでを確認しておきましょう。

返り点

以レ軀借レ交報レ仇、蔵レ命作レ姦、剽攻不レ休、及鋳レ銭掘レ冢、固不レ可二勝数一。適有二天幸一、窘急常得レ脱、若遇レ赦。

軀を以て交を借《たす》けて仇に報い、命を蔵して姦を作し、剽攻して休《や》まず、及び銭を鋳し冢《ちょう》を掘ること、固《もと》より勝《あ》げて数う可《べ》からず。適《たま》たま天幸有り、窘急《きんきゅう》なるも常に脱するを得、若しくは赦に遇う。

原文③

及解年長、更折節為倹、以徳報怨、厚施而薄望。然其自喜為侠益甚、既已振人之命、不矜其功、其陰賊著於心、卒発於睚眦如故云。而少年慕其行、亦輒為報仇、不使知也。

a　及解年長、更折節為倹　郭解は、年齢が長じると人が変わったようになります。**更**［あらたム］は、「さらに」と読みたくなるところですが、これより前に「折節」の内容は書かれていませんので、「さらに」とはなりません。立派な人物が態度を改めることは、『論語』子張《しちょう》篇に「君子之《の》過《あやまツや》也、如《シ》二日月之《の》食《しょくスルガ》一焉。過《あやまツや》也、人皆《ナ》見《み》レ之《ヲ》、更《あらたムル》也、人皆《ナ》仰《グ》レ之《ヲ》」とあるのが参考になるでしょう。**節**は、節義・節操、守るべき基準。**倹**［つづまヤカ］は、引き締めること。「それまでの生き方を変えて質素な生活をした」。

b　以徳報怨、厚施而薄望　**以徳報怨**は『論語』憲問《けんもん》篇のことばで、何かあっても相手を恨まずに徳を施す。**厚**と**薄**が対になっているのはわかりやすいですね。そこを手がかりにして、**施**が人に与えること、**望**が人からもらうことという対になっていることも類推できます。

c　然其自喜為侠益甚　**然**［しかルニ］は、逆接（→第2日1b）。**其**［そノ］は郭解を指します。**為侠**［きょうヲなス］は、侠にふさわしい行いをする。自分から進んでますますそうした振る舞いをします。

d　既已振人之命、不矜其功　**既已**は、ともに「すでに」の意の漢字で構成された複語（→『語法』

41節）。「～した以上」「～したのち」などと訳してきましたが、ここでは、「～したのに」という意味です。何か既定のことがあって、それに対してどうであるか、が次にきます。因果の場合も時間の場合も逆接の場合もあるわけです。**振**［すくウ］は、危機的状況から挽回するときによく使われます。**矜**［ほこル］は、自負する・自慢する。「人の命を救いながらも、その功績を誇らなかった」。

e　其陰賊著於心　**著**［つク］は、着に通じて、つく・付着する。だいぶまともになったような感じなのですが、「著於心」心に染みついた、**陰賊**は消えません。

f　卒発於睚眦如故云　**卒**［にわかニ］は、突然。卒然（率然）という言い方もあります。**睚眦**〈ガイサイ〉は睚眥・厓眥とも書く、「畳韻《じょういん》」の語（↓『語法』37節）。目を怒らせてキッとにらむこと。『史記』では「范睢蔡沢列伝《はんしょさいたく》」に「睚眥之怨《ミニモ》　必《ズ》報《ズ》」（ちょっとにらまれただけの恨みにも必ず報復する）、「亀策《きさく》列伝」に「素《もとヨリ》　有《リ》二眦睚《ノ》不《ル》レ快《カラ》　」（ふだんから些細な恨みで不満がある）という言い回しが見えることから、「睚眦」をちょっとした怨みとする解釈もあります。

発［あらわル］、表に出ること・出現すること。**故**は、もと。**云**は、三回目の登場です。文末に置かれ「……と云う」と訓読しますが、主語が「云」うわけではなく、世人の言説などを受けて「ということだ」「らしい」という語気を表します。「突然キッとにらんだ表情に（残忍さが）現れるのは、以前のままだったという」、もしくは「突然わずかな怨みから（残忍さが）表に出るのは、以前のままだったという」と解釈できます。

g　而少年慕其行、亦輒為報仇、不使知也　ところが若者たちは彼の行いを慕います。**輒**は、何かというとすぐにそうする、ということです。問題は**為報仇**で、「為」は動詞でなく前置詞なのですが、その対象が省略されているために（→第4日3c）誰のためか、で解釈がわかれます。若者たちが郭解のために、か、若者たちが人のために、か。どちらでも意味は通じますが、**不使知也**が郭解には知らせなかった、ということだとすると（ここも誰に知らせるのかが省略されています）、前者がよさそうです。つまり陰で勝手に仇討ちしてしまうわけです。

では、確認です。ここまで来ると、かなり慣れてきたのではないでしょうか。

返り点

及㆓解年長㆒、更折㆑節為㆑倹、以㆑徳報㆑怨、厚施而薄望。然其自喜為㆑侠益甚、既已振㆓人之命㆒、不㆑矜㆓其功㆒、其陰賊著㆓於心㆒、卒発㆓於睚眦㆒如㆑故云。而少年慕㆓其行㆒、亦輒為㆑報仇、不㆑使㆑知也。

解は年長ずるに及んで、更めて節を折りて倹を為し、徳を以て怨に報い、厚く施して薄く望む。然るに其の自ら喜《この》んで侠を為すこと益ます甚だしく、既已《すで》に人の命を振《すく》うも、其の功を矜《ほこ》らず、其の陰賊は心に著《つ》き、卒《にわ》かに睚眦《がいさい》に発すること故《もと》の如しと云う。而るに少年は其の行いを慕い、亦た輒《すなわ》ち為《ため》に仇に報い、知ら使めざる也。

漢文談義②

S　言わずもがなですが、デジタルの恩恵はすごいですね。デジタルテクストのみならず、デジタル画像の公開と普及も急速に進み、本書の執筆に当たっても絶大な効果を発揮しました。とりわけ国会図書館のデジタルコレクションのデータの拡充と個人送信範囲の拡大は、大きいです。本書が底本とした『史記会注考証』の初版も閲覧できます。

T　他にも『漢文大系』『漢籍国字解全書』『国訳漢文大成』など、基本的な参考文献が、国会図書館のサイトで見られるようになり、大変助かりました。古書店でも入手困難なものもありましたが、これでこれから学ぶ方々も利用できますね。

S　以前は『史記会注考証』による引用にもとづかざるを得なかった中井履軒《りけん》『史記雕題集』も、懐徳堂蔵の自筆本が大阪大学附属図書館の懐徳堂データベースから画像のダウンロードができますし、国文学研究資料館の国書データベースからも画像が見られます。国立歴史民俗博物館からは国宝の宋版『史記』も公開されています。私たちが学生だったころには考えられないですね。

T　紹介状をとって大阪に行き『史記雕題集』を見れば何日もかかるし、宋版『史記』の影印本を買おうと思えば何万円もします。お金と時間とコネが必要だった研究の障壁が取り払われつつあると感じます。

それからこの場を借りて感謝申し上げたいのは、早稲田大学図書館。多くの漢籍の画像データを公開してくださり、我々がどれほど助けられていることか。本書では『史記評林』、自分でも持っているのですが、デジタルデータをしばしば参考にさせていただきました。


S 早稲田大学図書館は、他に先んじて、PDFによる所蔵古典籍の画像公開を積極的に進めてくださいました。さまざまな事情から画像の閲覧はできてもダウンロードには制限がかかる場合が少なくなかった状況の中で、PDFでの全冊ダウンロードが可能というのは画期的でした。今ではIIIF《トリプルアイエフ》という規格による公開が主流になっていて、画像データの処理や拡張という点ではそちらにメリットがあるのですが、書物として読むのなら、さくっとPDFでダウンロードできればいいというところはありますね。もちろんこれは両立できますし、国会図書館デジタルコレクションなどは先進性と利便性どちらにも目配りがきいているように思います。

ただ、こうした画像データを利用するさいは、必ず公開サイトに掲示してある注意事項や利用ルールは読まないと。とくに権利関係。古典籍だけでなく、ジャパンナレッジでは『大漢和辞典』や『新釈漢文大系』も閲覧できます。それぞれ利用ルールが違うので、そこには注意が必要です。

それから、昔は書籍の海賊版というのがありましたが、デジタルデータの海賊版というのもありますね。これも注意が必要です。

T 読む方で、こうした変化があった一方で、書く方でも大きな変化がありました。

S そう言えば私たちの作業も、GitHub を使って進めました。MS Word のコメントファイルをやりとりするようなやり方だったら、こんな短期間では仕上がらなかったですし、そもそも互いの文章に手を入れながら進めるという共著のスタイルも難しかったと思います。人文学の分野ではあまりやらないですからね。

T 私は修士論文までは手書きで、清書だけで数日かかりました。MS Word でも隔世の感ですが、一つのファイルを互いに校正しながら執筆できてしまう GitHub には驚きました。執筆も LaTeX でしたので、できあがりのイメージが逐次映しだされたのは大変助かりました。

とはいえ、初心者の私には commit, pull, stash…. いまだに理解が難しい。S さんに教えていただきながら、なんとかこなしましたが、正直な話、これを理解するのに消費される時間と、それによって節約できる時間とを秤《はかり》にかけて、利益が出なければ意味がありません。新聞広告の裏の白紙に下書きをされる大先生を知っていますが、その方にとって効率がよければ、それでもいいと思います。これを読まれた方が、漢文より先に GitHub を学ばなければと思われたり、「GitHub を使わなければ割を喰う」と思われて嫌な気持ちになったりされたら本末顚倒です。

ただ、ひまな時間に、新しいおもちゃのようにこうしたシステムで遊んでみる、ということはあってもいいのかなと思いました。

S あくまでそのくらいのスタンスの方がよいと私も思います。Tさんが GitHub や LaTex をうまく使ってくれて助かりました。私たちの同僚には、退職までメールも使わなかった先生もいましたね。もちろん原稿は手書き。本書も最終的には、校正に朱を入れて直すというやり方からはたぶん抜けられません。また、デジタルとアナログの間で折りあいをつけていくというか、デジタルの急流から時々距離を置くことも必要ですよね。その意味では、アナログの役割が変わってきたのではないかというふうにも思います。

そもそも読むということについては、デジタルかどうかで何か変わると思いますか？ 私たちはデジタルやネットの以前から以後へをちょうど肌身で体験した世代ですが。

T 我々が学生時代に口うるさく言われたのが、「必ず原典に当たりなさい」。辞書や他人の引用は、書き間違えや改竄や省略があって信用できないから、原典を参照しなさいということでした。もちろん当時は紙媒体しかありません。

それが我々が教える時代になると、「必ず紙の原典に当たるように」へ、変わりました。インターネットのおかげで爆発的に多くの文献を参照できるようになりました。しかしそれはデジタル・テクストデータがほとんどで、間違いが多いし、誰でも改竄できる。信用できないから、必ず古籍（かその影印本）か、校訂の手の入った紙の原典に当たれと。

S　簡体字を繁体字に一括変換して「云」が全部「雲」になってるとか（笑）、それをコピペして使ってるとか、いまでもよくありますね。デジタル・テクストデータを利用するのはよいにしても、ちゃんと「当たる」ことをしないといけないところはなる、というか、きちんと読んでいないのですね。

T　今や多くのデジタル画像を見ることができるようになって、原典に当たることはこれまでになく容易になりました。しかし版本の画像データは信頼性の高いものですが、いわば材料がむき出しのまま掲載されているわけです。これを読み誤ったら、元も子もありません。これまでにもまして、本をきちんと読む技術が要求されているように感じます。

デジタル時代に、読書力、本書に即しては漢文読解力をつけるにはどういう点に注意したらいいんでしょうか。

S　やっぱり、まずはデジタルから離れる時間を意識的に作るということじゃないでしょうか。あるいは、体を使う時間を作るというか。書庫に潜って本を探したり、目についた本をめくったりなど。「原典に当たる」のはけっこう時間かかりましたよね。あれ、意味があったんだと私は思います。今は調べること自体が秒速です。でもたぶんそんなに速くは考えられないし、そんなふうに考えてはいけない。それをちゃんと意識して、本をていねいに読むとか、書き写したりとか、それがよいのではと思います。どこかで体のリズムを意識する、ということとかもしれません。

それから、この本のように、史書の伝を通して読む、ある人物の文集や詩集の一巻を通して読む、そういうことも大事だと思います。漢文読解には、文脈の把握が欠かせませんが、名文集をただ読んでも、それぞれの文章にそれぞれの文脈があるので、その文脈になじまないうちに次に移ることになる。語彙検索を繰り返すのも同じことです。でも、例えば「游俠列伝」なら、游俠という主題が通っているわけです。それが何と対比され、どのように価値づけられ、何と繫げられていくか。時間をかけて理解することができます。そうやって、この流れだとこう読むのだな、とわかってきます。デジタルは断片化が得意ですが、だからこそ総体としてとらえる力がこれから求められていくのだと思います。

と、いささか説教めいた流れになってしまいましたが、それでもこうしたことを言わずともわかっている若い人も私たちの周囲には少なくありません。将来が楽しみです。

第11日　郭解（二）

続いて、郭解《かくかい》の「俠」ぶりを示すエピソードが記されます。まず現代語訳から。

現代語訳

郭解の姉の子は解の権勢を後ろ盾にして、人と酒を飲んだ際、飲み干させ、相手はそれだけの酒量がないのに、むりに強いて酒を注いだ。その人は怒り、刀を抜いて解の姉の子を刺し殺し、逃げ去った。解の姉は怒って、「翁伯《おうはく》の義俠とやらでも、人がわが子を殺したのに、犯人を捕えられない」と言い、その死体を道端に放置して、葬らず、解に恥をかかせようとした。解は人に探らせて犯人のいるところを知り、犯人は窮地に陥って自首をし、くわしく実情を解に告げた。解は、「あなたが彼を殺したのは当然だ、我が子がよくない」と言って、そのまま犯人を逃がし、姉の子が悪いとして、死体を引き取って葬った。名の有る者たちはこれを聞いて、みなが郭解の俠義を称賛し、ますます敬慕した。

訓読文を読んでみましょう。

訓読文

解《かい》の姉《あね》の子《こ》は解《かい》の勢《せい》を負《たの》み、人《ひと》と飲《の》むに、之《これ》をして嚼《しやく》せ使《し》め、其《そ》の任《にん》に非《あら》ざるに、彊《し》いて必《かなら》ず之《これ》に灌《そそ》ぐ。人怒《ひといか》り、刀《かたな》を抜《ぬ》きて解《かい》の姉《あね》の子《こ》を刺殺《しさつ》し、亡《に》げ去《さ》る。解《かい》の姉怒《あねいか》りて曰《い》わく、「翁伯《おうはく》の義《ぎ》を以《もっ》て、人《ひと》の吾《わ》が子《こ》を殺《ころ》すも、賊《ぞく》は得《え》られず」と。其《そ》の尸《し》を道《みち》に棄《す》て、葬《ほうむ》らず、以《もっ》て解《かい》を辱《はずかし》めんと欲《ほっ》す。解《かい》は人《ひと》をして微《うかが》わ使《し》めて賊《ぞく》の処《ところ》を知《し》り、賊窘《ぞくきわま》りて自《みずか》ら帰《き》し、具《つぶ》さに実《じつ》を以《もっ》て解《かい》に告《つ》ぐ。解曰《かいい》わく、「公《こう》の之《これ》を殺《ころ》すは固《もと》より当《あ》たれり、吾《わ》が児《こ》は直《ちょく》ならず」と。遂《つい》に其《そ》の賊《ぞく》を去《さ》らしめ、其《そ》の姉《あね》の子《こ》を罪《つみ》し、乃《すなわ》ち収《おさ》めて之《これ》を葬《ほうむ》る。諸公之《しょこうこれ》を聞《き》き、皆《みな》解《かい》の義《ぎ》をして多《た》とし、益《ます》ます焉《これ》に附《つ》く。

それでは原文にそって見ていきましょう。

原文①

解姉子負解之勢、与人飲、使之嚼、非其任、彊必灌之。人怒、抜刀刺殺解姉子、亡去。解姉怒曰、以翁伯之義、人殺吾子、賊不得。棄其尸於道、弗葬、欲以辱解。

a　解姉子負解之勢、与人飲、使之嚼　**解姉子**、これはわかりやすいですね。現代日本語では郭解からしたら甥《おい》です。ただ、漢和辞典で「甥」を引くと、違う意味が出てきます。確認してみてください。
負［たのム］は、たのむ・あてにする・後ろ盾にする。「自負」という熟語から類推できるでしょう。ここでは他人である叔父の**勢**、つまり権勢をかさに着て、人と酒を飲んでいる時に（「飲」は、酒を飲むことを特定することがあります。現代日本語も同じですね）、**使之**、何かをさせるわけです。「之」は「人」を指します。**嚼**は、咀嚼《そしゃく》という熟語があるように、かみ砕くが原義ですが、ここでは、酒を飲み干すことです。つまり、「飲み干させた」。

b　非其任、彊必灌之　**非其任**は、一般には、その役目（「任」）をまっとうすることができない、その地位にふさわしくない、という意味で使われますが、文脈から、ここは酒量の話だとわかります。
彊〈キョウ〉は、強〈キョウ〉と音が通じ、「むりに」。**灌**［そそグ］は、水を流しこむ。「灌漑《かんがい》」は、「灌」も「漑」も「そそぐ」という意味の複語です。「注」に置き換えればよいでしょう。「むりやりにどうしてもかれに注いだ」。「口に流しこんだ」とする訳もありますが、そこまでだったのかどうかは、この文章からはわかりません。ともかく、酒を強要したわけです。礼儀にもとる行いです。

c　人怒、抜刀刺殺解姉子、亡去　当然、その人は怒ります。恥をかかされたと思ったのでしょう、刀を抜いて解の甥を刺し殺して、逃げます。**亡**［のがル］は、逃亡の亡。**去**［さル］は、英語の leave、その場を立ち去ることです。解の甥だと知っていたから、逃げたのでしょう。

d　解姉怒曰、以翁伯之義、人殺吾子、賊不得　母親である郭解の姉は怒ります。

母親のセリフは簡単なようで、いくつかの訳が考えられますが、その前にここの**以**は、「人殺吾子」ではなく「賊不得」にかかっていることを確認してください。その上で**翁伯之義**です。翁伯（郭解）のように義侠で名を成していても、のようにふつうの叙述とするか、あるいは「翁伯之義」を世間が郭解を称賛する一種の決まり文句と推測して、そんなふうに言われているのに、と皮肉めいて言っていると考えるか。もし前述のように、翁伯を字《あざな》ではなく、「親分《おやぶん》」という呼び名だと考えると、後者なのかもしれません（→第10日1a）。次に**吾子**。解の姉にとっての「わが子」なのか、甥も含めて解にとっての「わが子」なのか。どちらの解釈も可能ですが、『史記』が直接話法で記しているところから考えても、かなり憤激した物言いだったのではないでしょうか。**賊**は悪人。「賊不得」は、普通の語法では「不㆑得㆑賊」とかくべきところ、感情が高まっていますから「賊をば捕まえられない」と倒置していいます。威張っていても自分の子を殺した相手すら捕まえられないじゃないか、と詰《なじ》ったと読むほうが臨場感もあります。

e　棄其尸於道、弗葬、欲以辱解　**尸**は、しかばね。

弗〈フツ〉は、否定を表しますが、古い用法では、「不之」〈フシ〉の合音として使われます（→第8日1c）。つまり「不㆓之《ヲ》葬《ラ》㆒」の「不之」が「弗」となります。「不㆑葬《ラ》㆑之《ヲ》」でないのは、否定文で他動詞の目的語が代名詞の場合は動詞と代名詞が倒置されるという規則があるからです（→『語法』16節B）。

「欲以辱解」の**以**［もっテ］は、前文を受けて、そのことによって。つまり、自分の子の遺体を道に放置したまま埋葬しないことによって。郭解が身内の埋葬の責任を負わないと示して、恥をかかせようとしました。**辱**［はずかしム］は、恥をかかせる。

それでは訓読を確認しましょう。

返り点

解姉子負㆓解之勢㆒、与㆑人飲、使㆓之嚼㆒、非㆓其任㆒、彊必灌㆑之。人怒、抜㆑刀刺㆓‐殺解姉子㆒、亡去。解姉怒曰、以㆓翁伯之義㆒、人殺㆓吾子㆒、賊不㆑得。棄㆓其尸於道㆒、弗㆑葬、欲㆓以辱㆒㆑解。

解の姉の子は解の勢を負《たの》み、人と飲むに、之をして嚼せ使《し》め、其の任に非ざるに、彊いて必ず之に灌《そそ》ぐ。人怒り、刀を抜きて解の姉の子を刺殺し、亡《に》げ去る。解の姉怒りて曰わく、「翁伯の義を以て、人の吾が子を殺すも、賊は得られず」と。其の尸《し》を道に棄て、葬らず、以て解を辱《はずかし》めんと欲す。

原文②

解使人微知賊処、賊窘自帰、具以実告解。解曰、公殺之固当、吾児不直。遂去其賊、罪其姉子、乃収而葬之。諸公聞之、皆多解之義、益附焉。

郭解はと言えば、何もしていなかったわけではありません。

a　**解使人微知賊処**　**微**は、ひそかに、という副詞と読むか、うかがう、という動詞と読むか、迷うところですが、後者で理解すれば、解は人に探らせて、犯人の居所を知る、とすっきりします。

b　**賊窘自帰、具以実告解**　**窘**〈キン〉は、追いつめられて困ること。**帰**は、もといた場所や当然いるべき場所にゆく、ということから、出頭する、という意味になります。「犯人は追い詰められて自首して」。

具「つぶサニ」は、くわしく・欠けることなく揃えて。**以実**は、「実を以て」と読みますが、「実」は、事実・実情ですから、ありのままに、と訳すとよいでしょう。**告解**は、キリスト教用語にありそうですがもちろん関係なく、ここは郭「解」にありのままに「告」げたわけです。

c　解曰、公殺之固当、吾児不直　すると郭解は、相手を**公**（あなた）と丁寧に呼んで、姉の子を殺したのは**固当**、もちろん当然だ、とします。

不直は、正しくない。

d　遂去其賊、罪其姉子、乃収而葬之　**遂**［ついニ］は、そのまま・その流れのまま。**去**は、ここは「さらしむ」と使役形で読んで、逃がす、**罪**［つみス］は、罪が有るとする（↓コラム⑤）、という意味になります。どちらも目的語をともなう他動詞としての用法であることに注意してください。

e　諸公聞之、皆多解之義、益附焉　**諸公**は、名士たち・おもだった者たち。**聞**［きク］は、耳にする。**多**は「おおい」ではなく、他動詞で「多とす」と読みます。重視する・賛美する・称《たた》える、などと訳すとうまくいきます（↓第2日3c）。**附**［つク］は、たよる・したう・なびく。**焉**は、これに（於此）、と訓じる場合と読まない場合があります。どちらでもかまいませんが、誰に「附」したのかと言えば、もちろん郭解にです。

原文と訓点の確認です。少し短いようですが、始めの現代語訳で流れを確認したら、今日はここまでです。

返り点

解使㆔人微知㆓賊処㆒、賊窘自帰、具以㆑実告㆑解。解曰、公殺㆑之固当、吾児不㆑直。遂去㆓其賊㆒、罪㆓其姉子㆒、乃収而葬㆑之。諸公聞㆑之、皆多㆓解之義㆒、益附㆑焉。

解は人をして微《うかが》わ使《し》めて賊の処を知り、賊窘《きわま》りて自ら帰し、具さに実を以て解に告ぐ。解曰わく、「公の之を殺すは固より当たれり、吾が児は直ならず」と。遂に其の賊をして去らしめ、其の姉の子を罪し、乃ち収めて之を葬む。諸公之を聞き、皆な解の義をして多とし、益ます焉《これ》に附く。

第12日　郭解（三）

郭解《かくかい》も三日目に入りました。まず現代語訳で今日の分を読んでみましょう。二つのエピソードがあります。

現代語訳

郭解が外出すると、人々はみな道を避《よ》けた、ひとりだけ足を投げ出したまま、正視する者があり、解が人をやってその姓名を訊ねさせると、客分の者が彼を殺そうとした。解が言うには、「集落の家に住みながら、（近所に）尊敬されていないのは、わが徳が十分ではないからで、彼に何の罪があろう」と。そこでひそかに下役人に言うには、「この人は、私の大切な人だ。労役の順番が回ってきたら、免除せよ」と。労役の順番が来るたびに、しばしばその期間が過ぎて補償金が課されたが、役人からの請求はなかった。その人がおかしいと思って、そのわけを聞くと、なんと解が免除させていたのだった、足を投げ出していた者はそこで肌脱ぎになって謝罪した。若者たちはそれを聞いて、ますます解の行いを慕った。

洛陽《らくよう》の人で互いに敵対する者があり、町の有力者が間に入ること十回を数えたが、聞き入れられなかった。ある者が郭解に会い、解は夜に仇敵《きゅうてき》の者に会い、仇敵の者が解の言うことをまげて受け入れると、解はそこで仇敵の者に言うには、「私が聞くところでは洛陽の諸公が間に入ったが、多くは聞き入れられなかった。いまあなたは幸いに私の言うことを聞き入れてくれたが、私はよそから来てこの町の有力者のなわばりをうばうつもりなどない」と。そこで夜のうちに出て行き、人に知られないようにして、言うには、「ひとまず私が間に入ったからだとは、なされるな、私が出てから、洛陽の有力者を間に立てて、それを聞き入れよ」と。

訓読文はこうなります。

訓読文

解《かい》の出入《しゅつにゅう》するや、人《ひと》皆《み》な之《これ》を避《さ》く、一人《いちにん》の独《ひと》り箕踞《ききょ》して之《これ》を視《み》る有《あ》り、解《かい》人《ひと》を遣《つかわ》して其《そ》の名姓《めいせい》を問《と》わしめ、客《きゃく》之《これ》を殺《ころ》さんと欲《ほっ》す。解曰《かいい》わく、「邑屋《ゆうおく》に居《お》りて、敬《けい》せられざるに至《いた》る、是《こ》れ吾《わ》が徳《とく》の修《おさ》まらざる也《なり》、彼《かれ》に何《なに》の罪《つみ》あらん」と。乃《すなわ》ち陰《ひそ》かに尉史《いし》に属《しょく》して曰《い》わく、「是《こ》の人《ひと》、吾《われ》の急《きゅう》とする所也《ところなり》、践更《せんこう》の時《とき》に至《いた》らば、之《これ》を脱《だっ》せしめよ」と。践更《せんこう》に至《いた》る毎《ごと》に、数《しば》しば過《す》ぎ、吏《り》求《もと》めず。之《これ》を怪《あや》しみ、其《そ》の故《ゆえ》を問《と》うに、乃《すなわ》ち解《かい》の之《これ》を脱《だっ》せしむるなり、箕踞《ききょ》する者乃《ものすなわ》ち肉袒《にくたん》して罪《つみ》を謝《しゃ》す。少年之《しょうねんこれ》を聞《き》き、愈《いよ》いよ益《ます》ます解《かい》の行《おこな》いを慕《した》う。

雒陽《らくよう》の人《ひと》に相仇《あいかたき》とする者有《ものあ》り、邑中《ゆうちゅう》の賢豪《けんごう》の間《かん》に居《お》る者十《ことじゅう》を以《もっ》て数《かぞ》うるも、終《つい》に聴《き》かず。客乃《きゃくすなわ》ち郭解《かくかい》に見《まみ》ゆ、解《かい》夜《よる》に仇家《きゅうか》に見《まみ》ゆるに、仇家曲《きゅうかま》げて解《かい》を聴《き》くに、解乃《かいすなわ》ち仇家《きゅうか》に謂《い》いて曰《い》わく、「吾聞《われき》くに雒陽《らくよう》の諸公此《しょこうこ》の間《かん》に在《あ》りて、聴《き》かれざる者多《ものおお》し、今《いま》子幸《しさいわ》いにして解《かい》を聴《き》くも、解《かい》柰何《いかん》ぞ乃《すなわ》ち他県《たけん》従《よ》り人《ひと》の邑中《ゆうちゅう》の賢大夫《けんたいふ》の権《けん》を奪《うば》わん乎《や》」と。乃《すなわ》ち夜去《よるさ》り、人《ひと》をして知《し》ら使《し》めず、曰《い》わく、「且《しばら》く我《われ》を待《ま》つを用《もち》うる無《な》かれ、我《われ》の去《さ》るを待《ま》ちて、雒陽《らくよう》の豪《ごう》をして其《そ》の間《かん》に居《お》ら使《し》めて、乃《すなわ》ち之《これ》を聴《き》け」と。

それでは原文です。

原文①

解出入、人皆避之、有一人独箕踞視之、解遣人問其名姓、客欲殺之。解曰、居邑屋、至不見敬、是吾徳不修也、彼何罪。

a　解出入、人皆避之　**出入**は、字義通りには、外に出たり中に入ったり。幅広い意味をもちますが、ここでは、外を出歩く時に、人々が道を譲ったというところに重点があるので、現代語訳では「外出」としました。家から出たり入ったりすると、と訳してもかまいません。

避［さク］は、さける・よける・(通り道を)ゆずる。

b　有一人独箕踞視之　**有一人**は、ここで「一人有り、」と読んで、後の文と区切ってもよいのですが、そういう者がいた、ということですので、続けて読むことも可能です。『論語《ろんご》』冒頭の有名な段に「有朋自遠方来」という句がありますが、これも「朋有り遠方自《よ》り来《きた》る」と「朋遠方自《よ》り来《きた》る有り」二通りの読み方があります。

独は、限定を示し、その人だけが、という意味になります。前の**皆**と呼応しています。

箕踞《ききょ》は、足を投げ出して座る。「踞」〈キョ〉は、底本以外の多くの版本で音が同じ「倨」〈キョ〉に作りますが、『漢書』は「箕踞」に作ります(作る、というのはその字で表記する、ということです)。「踞」［うずくまル］は尻を地につけてすわること。「箕坐《きざ》」とも言います。「箕」は、農具のみで、U字型のざる、裾側が開いています。足を開いて投げ出した座り方が、「箕」に似ていることから、と説明されますが、「踑踞《ききょ》」「踑倨《ききょ》」「趼居《ききょ》」とも書くことからすると双声として認識されているのかもしれません(→第4日4a)。人前でこういう座り方をするのは、無礼とされていました。

視は、じっと見る、正視する。人をじっと見すえるのも、やはり無礼とされました。

c　解遣人問其名姓　**遣**は、つかわす。たんなる使役動詞の場合もありますが、ここは実際に人をやって姓名を聞いています。**名姓**は、姓名と同じです。自分に無礼をはたらく人間に、直接そのわけを聞けば、衝突がおこりかねません。人をやって事情を聞くのです。

d　客欲殺之　**客**は、解の客分、郭解のとりまきの食客。そういう立場からすれば、そんな無礼な人間は、理由を聞くまでもなく殺してしまえ、となります。

e　解曰、居邑屋、至不見敬　しかし郭解はそれを止めます。**邑**は、さと。人が集まって住む区域のことです。**屋**は家ですから、「邑屋」だと、山の中にぽつんとある一軒家ではなく、集落の中の家ということになります。そういう人づきあいの中に郭解は住んでいるわけです。

至「いたル」は「……までになる」。ここでの主体は郭解ですが、**見**を「みる」と解釈すると、「敬意を見ないまでになる」となり、意味が通じません。ここは「る・らる」という受身を表す助動詞（↓『語法』30節D）と読むとうまくいきます。「尊敬されない状態にまでなる」。

f　是吾徳不修也、彼何罪　**是……也**は、このことは……である、と説明する言い方です。**修**は、おさめる・身につける。『論語』述而篇に「徳之不修、……是吾憂也（徳の修まらざる、……是れ吾が憂い也）」とあります。「私の徳が身についていないということなのだ」。**彼**は、すなわち「こちら」に対する「あちら」で、事物や場所や人称を表しますが、人称の場合、あの人・あいつ・かれ・かれらなどを示します。**何**は、ここでは反語です（↓『語法』35節A）。「かれに何の罪があろう」（↓コラム⑤）。

原文と訓点を確認して、次に進みましょう。

返り点

解出入、人皆避レ之、有二一人独箕踞視一レ之、解遣レ人問二其名姓一、客欲レ殺レ之。解曰、居二邑屋一、至レ不レ見レ敬、是吾徳不レ修也、彼何罪。

解の出入するや、人皆な之を避く、一人の独り箕踞して之を視る有り、解人を遣《つかわ》して其の名姓を問わしめ、客之を殺さんと欲す。解曰わく、「邑屋に居りて、敬せられざるに至る、是れ吾が徳の修まらざる也、彼に何の罪あらん」と。

原文②

乃陰属尉史曰、是人、吾所急也、至践更時、脱之。毎至践更、数過、吏弗求。怪之、問其故、乃解使脱之、箕踞者乃肉袒謝罪。少年聞之、愈益慕解之行。

a　乃陰属尉史曰、是人、吾所急也　**陰**［ひそカニ］は、こっそりと・内密に。属は、たのむ。音は〈ゾク〉ではなく〈ショク〉です。囑のように口偏をつけることもあります。

委嘱・嘱託という熟語は現代でも使われます。

尉史は、地方行政の書類係のような役人です。上から回ってきた命令に応じて書類を提出したりするわけですが、このころは紙はありませんから、文書には木簡や竹簡が多く使われていました。郭解はその書類を扱う役人に頼んだわけです。

急は、緊急・火急というところから、大事な・重要な、という意味が生まれ、ここでは動詞化されて「所急」となっています。『漢書』ではこの部分をわかりやすく「所重」と書き換えています。「所＋〔動詞〕」で全体で「〔動詞〕する対象」という意味でした（→『語法』10節）。つまり「重視する対象」。「この人は、私の大事な人だ」。

b　至践更時、脱之　**践更**は、輪番の労役義務。「更」〈コウ〉は、替わる・更新する意（中国語では平声で読みます→コラム③）、ここでは輪番の労役。漢代の「卒更《そっこう》」（地方での徭役〔労役〕義務）制度には、践更・居更・過更などの事項がありました。当番となったときの就役義務を「践更」とよび、それに実際に就役することを「居更」、期間が「過」ぎても就役できなかったときに過更銭《かこうせん》を払って代替とするのを「過更」とよびました。漢代の労役については議論のあるところですが、ここでは渡邊信一郎「漢代更卒制度の再検討　服虔―濱口説批判」（『東洋史研究』五一・一、一九九二）を参考にしました。**脱**は、のがれる・ぬけだす。窮地を脱する、などは現代でもよく使いますが、注意すべきは他動詞として使っていることで、使役形で訓読し、逃れさせる・免除するの意味になります。「労役当番が回ってきたら、免除してやれ」。

c　毎至践更、数過、吏弗求　**毎**［ごと］には、そのたびごとに。ここの**践更**を『漢書《かんじょ》』は「直レ更」（「更」に直《あた》る）、「更」の当番になると、と書き換えていますが意味は同じです。「労役の当番がくるたびごとに」。

数［しばしば］と読むときの漢字音は〈サク〉。「項羽本紀」に「范増数《しばしば》目《もくス》二項王《ヲ》一」というのも、しばしば目くばせしたという意味で、范増にいくつも目があったわけではありません（→『語法』20節B3）。**過**［すグ］は、期間がすぎる、「過更」銭（補償金）の「過」です。「しばしば過更銭が課されたが」。

弗は否定。「弗」を「不之」と考えるなら「吏不二之求《ヲメ》一」となり（→第11日1e）、「之」は、過更銭を指します。「役人は課金を求めなかった」。

d　怪之、問其故、乃解使脱之　**怪**［あやシム］は、おかしいと思う・いぶかる。**問其故**は、そのわけを尋ねる。役人に訊きます。**乃**［すなわチ］は、非常に強いすなわち、「なんと」郭解が彼を逃れさせていたのでした。

e　箕踞者乃肉袒謝罪　足を投げ出し郭解をにらんでいた者の方も**乃**「すなわチ」「なんと」意外な行動にでます。**肉袒**は、上半身を肌脱ぎにすること。罰してくださいという強い謝罪の態度となります。

f　少年聞之、愈益慕解之行　若者たちはこの話を聞いてますます郭解の行いを慕うようになりました。**愈益**と類義の字を重ねているところに、その様子が活写されています。それでは訓読で確認しましょう。

返り点

乃陰属二尉史一曰、是人、吾所レ急也、至二践更時一、脱レ之。毎至二践更一、数過、吏弗レ求。怪レ之、問二其故一、乃解使レ脱レ之、箕踞者乃肉袒謝レ罪。少年聞レ之、愈益慕二解之行一。

乃ち陰《ひそ》かに尉史に属《しょく》して曰わく、「是の人、吾の急とする所也、践更の時に至らば、之を脱せしめよ」と。践更に至る毎に、数《しば》しば過ぎ、吏求めず。之を怪しみ、其の故を問うに、乃ち解の之を脱せしむるなり、箕踞する者乃ち肉袒して罪を謝す。少年之を聞き、愈いよ益ます解の行いを慕う。

次は別のエピソードです。

原文③

雒陽人有相仇者、邑中賢豪居間者以十数、終不聴。客乃見郭解、解夜見仇家、仇家曲聴解、

a 雒陽人有相仇者、邑中賢豪居間者以十数、終不聴 **雒陽**は洛陽（河南省《かなん》）のことでした（第8日1d）。漢では首都長安《ちょうあん》につぐ都市です。

相［あい］は、おたがいに。**相仇者**は、たがいにかたきとする者、双方を指します。「相」は、おたがいにという意味の他に、相手をという意味があり（→『語法』8節）、そうとれば「郭解のことを憎む者があり」となりますが、文脈からいって通じません。

邑中は、むら・まちの中。**賢豪**は、賢者（立派な者）・豪者（すぐれて力強い者）で、有力者。

居間は、間に入る・仲裁をする。

以十数は、十に達する・十という数である。「十数人を以て」ではありません。朱家の段で「以百数」が出てきました（→第7日1c）。

この二つを結ぶ**者**は、ふつうは人の意味（「仲裁をした者」）で読まれています。たしかに「……者以……数」のかたちは『史記』では人数を表すことが多いのですが、別の可能性も考えられます。というのは、「者」は「事を別つ詞」（『説文解字』）、事物を区別して指示する助詞で、事・物・人のほか、時・所・理由なども示すからです（→『語法』20節）。つまり、仲裁をした者の人数が十人に及んだとも、仲裁した回数が十回に及んだとも解釈できるのです。この点は後でまた説明します。

終［ついに］は、とうとう・最後まで。同訓の「遂」との違いに注意してください（→第11日2d）。

不聴は、聞き入れない。「聴」は、たんに耳で聴くだけでなく、聞き入れるという意味をもちます。「町中の有力者たちで仲裁に入る者が十人にも及んだが、最後まで聞き入れなかった」。

b　客乃見郭解　**客**は、人のもとに身を寄せている者。強い**乃**［すなわチ］が続くことで、関係者の意を受けてやってきたことが示唆されます。どうしようもなくなって相談に来たわけです。

c　解夜見仇家、仇家曲聴解　**仇家**は、仇《あだ》をなす者、かたき。家は、もともと住み家を意味しますが、人を指すことがあるのは、現代日本語でも同じです。**曲**は、この場合**聴**を修飾していますから、（相手を立てて）自分の説を曲げ・むりに、となります。郭解がそう言うならと聞き入れたわけです。

では、訓読です。

返り点

雒陽人有㆓相仇者㆒、邑中賢豪居㆑間者以㆑十数、終不㆑聴。客乃見㆓郭解㆒、解夜見㆓仇家㆒、仇家曲聴㆑解、

雒陽の人に相仇《あいかたき》とする者有り、邑中の賢豪の間に居る者《こと》十を以て数うるも、終《つい》に聴かず。客乃ち郭解に見ゆ、解夜に仇家に見ゆるに、仇家曲げて解を聴くに、

解が夜に訪れたのにはわけがありました。次にそれが明かされます。

原文④ 解乃謂仇家曰、吾聞雒陽諸公在此間、多不聴者、今子幸而聴解、解柰何乃従他県奪人邑中賢大夫権乎。乃夜去、不使人知、曰、且無用待我、待我去、令雒陽豪居其間、乃聴之。

a 解乃謂仇家曰、吾聞雒陽諸公在此間、多不聴者　強い**乃**［すなわチ］がまた使われます。司馬遷に力が入っているところです。**在此間**は、先ほどの「居レ間」を受けています（→漢文談義③）。**多不聴者**は、「多二不レ聴者一」（「聞き入れられない者」が多い）と、「多二不レ聴一者」（「聞き入れられないことが多い」者）の二通りの読みがありそうです。しかし後者のように名詞句で読むと、述部が存在しないまま、次の文が始まってしまいます。前者のように「……が多い（多かった）」と読むのが自然でしょう。

さて、先に説明したように、「者」は時・所・理由なども示します。ここでの「者」も、「聞き入れられない人が多かった」としても通じますし、「聞き入れられないことが多かった」と解釈しても通じます。いずれにせよ、実のところは説得はすべて失敗だった（「終不聴」）から郭解に話が持ちこまれたのですが、郭解はそれをあからさまに言わず、伝聞のかたちで婉曲的に「多不聴者」と述べています。「者」が場合を指す後者の方が、郭解の心遣いが表されますし、有力者たちが何度も説得に当たった臨場感も表現されますので、訳文では後者を採りました。「名士たちがあなたがたの間に立ったが、どうも聞き入れられなかったと聞いている」。

聴［きく］が「聞き入れる」であり、「耳にする」の「聞」と異なることはよいですね。「ゆるす」という訓もあります。

b　今子幸而聴解、解奈何乃従他県奪人邑中賢大夫権乎　**子**は、二人称で「あなた」、丁寧な言い方です。同輩またはそれ以下につかう「汝」（おまえ）をつかいません。前文で「曲げて」無理やり相手に聞き入れさせておきながら、ここでは**幸**いにも、と相手の配慮に感謝する。任俠の徒の郭解が非常に注意深く相手を立てることば遣いをしていることがわかります。

奈何は、「奈何」と同じく、反語です（↓『語法』35節F）。また**乃**が出てきました。ここでは、よりによって、というニュアンスを帯びます。「敢」と近い働きをもつとしてもよいでしょう。**人**は、ここでは、他人の。その前の「他県」は、自分がよその県から来たことを言い、それに対応しています。**権**は、わかりやすく言うと、なわばり、になるでしょうか。権勢とか勢力とか、そういうことですが、任俠の世界では、もめ事の仲裁も「権」に含まれるのでしょう。よその土地の者が口を出すのは憚《はばか》られます。

c　乃夜去、不使人知、曰、且無用待我、待我去、令雒陽豪居其間、乃聴之　再び**乃**、そこで・そういうことで。「乃」の意味の核は、物事の推移に何らかの理由や条件があることなのですが、それがさまざまな表現の幅を文に即して示されていることに注意してください。こういうところにも漢文らしさというものがあります。夜に来て夜に帰る、そのわけは人に知られないためだったのです。

且は、しばらく、ひとまず（↓第3日1a）。

無用待我は、そのまま読めば、私を待つ・私をあてにする必要はない、となります。もう少し踏みこんで解釈すれば、私によって解決されたということにはしないほうがいい、です。そしてその次の**待我去**は、私が去るのを待って、私が去った後で、となります。「待」の意味がそれぞれ違います。こういうふうに同じ字が近くに使われてしかも語義が異なるというのは、文章としては読みにくいものです。『漢書』が「且毋庸、待我去」という文に書き換えているのも（「毋庸」は「無用」と同じ）、そのためだと思われます。しかしそれぞれの句ごとに読めば、以上のような解釈を導き出すのは不自然ではありません。

令は、使役動詞（→『語法』32節）。**居其間**は、「居間」「在此間」と同じく、仲立ちになる。そしてまた**乃**。土地の有力者の仲立ちでようやく聞き入れたということにしなさい、と、ここでも「乃」が効いています。

さて、訓読です。郭解のセリフを臨場感をもって読めたならしめたものです。

返り点

解乃謂㆓仇家㆒曰、吾聞雒陽諸公在㆓此間㆒、多㆓不㆑聴者㆒、今子幸而聴㆑解、解柰何乃従㆓他県㆒奪㆓人邑中賢大夫権㆒

乎。乃夜去、不レ使二人知一、曰、且無レ用レ待レ我、待二我去一、令三雒陽豪居二其間一、乃聴レ之。

解乃ち仇家に謂いて曰わく、「吾聞くに雒陽の諸公此の間に在りて、聴かれざる者多し、今子幸いにして解を聴くも、解 柰何ぞ乃ち他県従り人の邑中の賢大夫の権を奪わん乎」と。乃ち夜去り、人をして知ら使《し》めず、曰わく、「且《しばら》く我を待つを用うる無かれ、我の去るを待ちて、雒陽の豪をして其の間に居ら令《し》めて、乃ち之を聴け」と。

第13日　郭解（四）

郭解《かくかい》の四回目になります。まず現代語訳で内容を確認しましょう。

現代語訳

郭解は、つつましやかな態度を保ち、車に乗って県の役所に入るようなことはしなかった。近隣の郡や国へ行き、人のために何かを頼むときも、調整できることは調整し、できなければ、それぞれが満足するようにして、そうしてからようやくもてなしを受けた。名士たちは、それゆえ彼を重んじ、競って彼の役に立とうとした。町の若者や近隣の県の有力者で、夜中に彼の家を訪れる車は、いつも十餘《じゅうよ》台に及び、解の客分を自分の手もとにおかせてくれるよう頼むのだった。

豪族や富者を茂陵《もりょう》に移住させる政策が行われると、解の家は貧しく、資産基準に該当しなかったが、役人は「上の意向を」恐れて、移住させないわけにはいかなかった。

衛青《えいせい》将軍は解のために、「郭解の家は貧しく、移住には及びません」と言ったが、帝は、「平民でありながら権勢は将軍が口を出すほどだ。これはその家が貧しくないということだ」と言った。解の家は、そうして移住し、名士たちの餞別《せんべつ》は、千餘《せんよ》万銭《まんせん》を超えた。軹《し》の人の楊季主《ようきしゅ》の子は、県令の補佐で、郭解を名簿に加えて移住させたのだが、解の兄の子が、楊補佐の首を斬って殺し、そのために楊家は郭家と仇同士となった。

訓読は以下のとおりです。

訓読文

解《かい》 恭敬《きょうけい》を執《と》りて、敢《あ》えて車に乗《の》りて其《そ》の県廷《けんてい》に入《い》らず。旁《かたわら》の郡国《ぐんこく》に之《ゆ》き、人《ひと》の為《ため》に事《こと》を請求《せいきゅう》するに、事《こと》の出《い》だす可《べ》きは、之《これ》を出《い》だし、可《か》ならざれば、各《おの》おの其《そ》の意《い》を厭《あ》かしめ、然《しか》る後《のち》に乃《すなわ》ち敢《あ》えて酒食《しゅしょく》を嘗《な》む。諸公《しょこう》 故《ゆえ》をもって之《これ》を厳重《げんちょう》し、争《あらそ》いて為《ため》に用《はたら》く。邑中《ゆうちゅう》の少年《しょうねん》及《およ》び旁近《ぼうきん》の県《けん》の賢豪《けんごう》、夜半《やはん》に門《もん》に過《よぎ》るもの常《つね》に十餘車《じゅうよしゃ》、解《かい》の客《きゃく》を得《え》て之《これ》を舎養《しゃよう》せんことを請《こ》う。

豪富《ごうふ》を茂陵《もりょう》に徙《うつ》すに及《およ》ぶ也《や》、解《かい》の家貧《いえまず》しくして、訾《し》に中《あた》らざるも、吏《り》恐《おそ》れ、敢《あ》えて徙《うつ》さずんばあらず。衛将軍《えいしょうぐん》 為《ため》に言《い》う、「郭解《かくかい》の家貧《いえまず》しく徙《し》に中《あた》らず」と、上曰《しょうい》わく、

「布衣《ふい》にして権《けん》は将軍《しょうぐん》をして為《ため》に言《い》わ使《し》むるに至《いた》る、此《こ》れ其《そ》の家貧《いえまず》しからず」と。解《かい》の家遂《いえつい》に徙《うつ》り、諸公《しょこう》の送《おく》る者千餘《ものせんよ》万《まん》を出《い》ず。軹《し》の人楊季《ひとようき》主《しゅ》の子《こ》県《けん》の掾為《えんた》り、挙《あ》げて解《かい》を徙《うつ》し、解《かい》の兄《あに》の子《こ》楊掾《ようえん》の頭《あたま》を断《き》り、此《こ》れに由《よ》りて楊氏《ようし》郭氏《かくし》と仇《あだ》と為《な》る。

原文を区切りながら読んでいきましょう。

原文①

解執恭敬、不敢乗車入其県廷。之旁郡国、為人請求事、事可出、出之。不可者、各厭其意、然後乃敢嘗酒食。諸公以故厳重之、争為用。邑中少年及旁近県賢豪、夜半過門常十餘車、請得解客舎養之。

a 解執恭敬、不敢乗車入其県廷　**執**［とル］は、堅持する・保つ。固くしっかりととることです。**恭敬**は、謙虚でつつしみ深いさま。ともに「つつしむ」と訓じる複語です。郭解はつねにつつしみ深く心がけていました。**不敢**は、その後に述べられることについて、そんなことはしない、そんなまねはしない。**敢**［あエテ］は、勇気をもって、しにくいこと・してはいけないことをすること（→『語法』34節G10〜14）。**車**は、ここでは馬車です。**県廷**は、県の役所・官庁舎。

なお、『史記』の原文では後段に出てくる「出未嘗有騎」が、『漢書』では「解為人短小恭倹、出未嘗有騎、不敢乗車入其県庭」のように、ここに置かれています。「為人短小」は『史記』では先に出てきましたし、文脈からはここで繰り返す必要はないのですが、「出未嘗有騎」をここに入れるのはたしかに理にかなっています。外出に騎馬を従えることもなく、馬車に乗ったまま役所に入ることもなく、と続くからです。「出未嘗有騎」がここにあるべきであったという説は中井履軒《なかいりけん》『史記雕題集《しきちょうだいしゅう》』に見えます。

b　之旁郡国、為人請求事、事可出、出之　最初の**之**［ゆク］は、行く。しかし「之」の字は、用法も多々あり、特に前につなげて「……の」と読まれてしまいがちなので、後世では明確に「ゆく」であるとわかる箇所でないと使用が避けられる傾向があります。人名で「之」を「ゆき」と読むのは、この訓から来ています。人名には古い訓が残されていることがしばしばあり、参考になります。

旁［かたわら］は、近隣・近傍。**郡国**は、県よりも大きい行政単位の郡（日本と逆です）、さらにその上の国、を指します。ちなみに前に出てきた「邑《ゆう》」は、「県」よりも小さい単位です。

為人は、近隣の郡国に行き、に続きますから、「人と為《な》り」（人としての性質、人柄→第10日1d）とは読めません。「人の為《ため》に」。

請求は、日本語では「要求」の丁寧な言い方として「請求書」のように使われていますが、古典中国語では「お願いして求める」、つまり個人的なことのために便宜をお願いして求める意で、よくないことによく用いられます。コネをつけるとか、裏口をつかうとか、そういう語感です。

事可出は、どれもよく使う字でありながら、意味をつかまえるのが難しい句です。こうした句はやはり文脈から読まねばなりません。前句が「人のために事を請い求む」とありますが、この「事」はsomething, 何か、です。ということは「出」は、「請求」した「事」が「出」る、つまり「請求」がかなう、ということになります。具体的に「事」が何なのかはわかりませんが、捕まった者の釈放とか、喧嘩《けんか》の仲裁とか、侠者のつきあいの中で生じたいざこざに関わることでしょう。ですので、「事可出」は、その何かについて調整や解決がつく、ととのう、と読めます。古い注には、脱出・救出という意味に限定するものもありますが、もう少し広く理解してもよさそうです。「成」と置き換えるとわかりやすいかと思いますが、大事なことは、字義のリストの中から選ぶのではなく、原義と文脈を組み合わせて意味を探ることです。

C　不可者、各厭其意、然後乃敢嘗酒食　**不可者**の「者」は、人ではなく場合・条件を指します（↓『語法』20節C）。「できない場合は」。

厭［あク］は、満足する。飽きていやになる、という意味にもなりますが、ここはポジティブです。気持ちを満足させる、ということで「其の意を厭かす」と訓読しています。「相手の気持ちを満足させ」。**乃**は、そこでようやく、という意味がありますので、「乃嘗酒食」でもよいのですが、前後に**然後**と**敢**が入ることで、そうしてからようやく酒食のもてなしを受けたのである、という意味が強調されます。**敢**［あエテ］は、しにくいこと・してはいけないことをすることから「おそれながら……する」「はばかりながら……する」の意（↓『語法』34節G26）。**嘗**［なム］（なめる）は、食べる・味わう。

偉ぶって当然のように酒食のもてなしを受ける、後は知らん、ということではなかったわけです。

d 諸公以故厳重之、争為用　**諸公**の「諸」は複数、「公」は敬称、名士たち。**以故**は、そういうわけで。

厳重は、敬重する。「厳」は、動詞では尊敬するという意味になります。

争は、競って・われさきに。次の「為用」を修飾します。**為用**は、「用を為す」とも読めますが、「為」を「ために」、「用」を「はたらく」と読むのがよさそうです。『史記』楚世家《そせいか》に「盼子者、有功於国、而百姓為之用（盼《はん》子なる者は、国に功有り、百姓之《ひやくせいこれ》が為《ため》に用《はたら》く）」「申紀者、大臣不附、百姓不為用（申紀なる者は、大臣附かず、百姓為に用かず）」という句があり、「為之用」の否定として「不為用」があることから、「為」が「ために」であることが明らかなのも参考になります。

e 邑中少年及旁近県賢豪、夜半過門常十餘車、請得解客舎養之　**邑中少年及旁近県賢豪**、若者たちは町内なら来られますが、近隣県からは有力者でないと来られません。遠くからやってくるには力がいるわけです。**夜半過門常十餘車**の「夜半」は、「半夜」と同じ、midnight。**過門**の「過」は「よぎる」と訓じて訪問するという意味。通り過ぎるではありません。

夜中に訪れるというところから、昼間にはできない用件であるのが推察されます。そんな車が常に十数台も停まっているのは、何かイベントがあったから集まっているのではなく、頼りにする人々が常に一定数いたのだとわかります。

解客は、これまでも出てきているように、郭解のところにいる客人・食客・客分。居候と言ってもよいでしょう。

舎養《しゃよう》は、なかなか見ない語ですが、字義を組み合わせれば、住まわせて養う、ということになります。「郭解の食客を引き受けて自分のところで面倒見たい、と頼むのだった」。そういえば郭解のところでは、お尋ね者（亡命者）を多く引き取っていたのですが、優秀な者も多かったに違いありません。しかし、昼間にそうした人々を連れて歩くわけにはいかなかったのでしょう。

郭解の客舎に身を寄せたい、との解釈もありますが、ここで「客舎」と読むのは難しそうです。ただ、「解の客として之を舎養するを得るを請う（客として舎養されたい）」という解釈はあるかもしれません。

それでは訓読で確認しましょう。

返り点

解執二恭敬一、不三敢乗レ車入二其県廷一。之二旁郡国一、為レ人請二-求事一、事可レ出、出レ之、不レ可者、各厭二其意一、然後乃敢嘗二酒食一。諸公以レ故厳二-重之一、争為用。邑中少年及旁近県賢豪、夜半過レ門常十餘車、請下得二解客一舎中-養之上。

解　恭敬を執りて、敢えて車に乗りて其の県廷に入らず。旁《かたわら》の郡国に之《ゆ》き、人の為に事を請求するに、事の出だす可《べ》きは、之を出だし、可ならざれば、各おの其の意を厭かしめ、然る後に乃ち敢えて酒食を嘗む。諸公　故をもって之を厳重し、争いて為に用《はたら》く。邑中の少年及び旁近の県の賢豪、夜半に門に過るもの常に十餘車、解の客を得て之を舎養せんことを請う。

原文②

及徙豪富茂陵也、解家貧、不中訾、吏恐、不敢不徙。衛将軍為言、郭解家貧不中徙、上曰、布衣権至使将軍為言、此其家不貧。解家遂徙、諸公送者出千餘万。軹人楊季主子為県掾、挙徙解、解兄子断楊掾頭、由此楊氏与郭氏為仇。

a　**及徙豪富茂陵也、解家貧、不中訾**　**及**［およビ］は、……の時になると。**徙**［うつル］は、移る・移す。住処や立場を変えること、漢字音は〈シ〉。「徒」〈ト〉と字形が似ているので注意してください。**豪富**は、財力と権勢をもつ者。**茂陵**県は、長安の西、現在の陝西《せんせい》省興平《こうへい》市。「豪富・茂陵」とあたかも二重目的語、あるいは並列の名詞のようにも見えますが、それでは意味が通りません。「茂陵」は明らかに地名ですから「於茂陵」の「於」が省略されたかたちと見れば、よくわかります。「於」

は場所を表す汎用の前置詞、in, on, at, into, from, to 何にでも使えるのでした。ここでは**徙**［うつル］を受けますから、「……へ」、to に相当します。

元朔《げんさく》二年（前一二七）、武帝《ぶてい》は、主父偃《しゅほえん》の献策によって、自らの陵墓《りょうぼ》となる予定の茂陵《もりょう》周辺に豪族たちを移住させる命令を下しました。同様の命令はその後も出されます。『漢書』武帝紀には「郡国《ぐんこく》の豪傑《ごうけつ》及び訾《し》三百万以上を茂陵に徙す」と記され、権勢をもつ者と三百万銭以上の財産を有する者が対象となりました。

中は、あたる・該当する（中国語では去声で読みます。↓コラム③）。**訾**〈シ〉は、「資」〈シ〉「貲」〈シ〉と音が通じ、財産。郭解は三百万銭の財産などありませんから、転居者の対象外だったのです。

b　吏恐、不敢不徙　**吏**は、執行の下役人。

恐が何を恐れているのか、ここだけではわかりませんが、少し後に、郭解と同じ軹《し》の楊季主《ようきしゅ》の子が「県掾《けんえん》」（県令の属官）で、彼が「挙げて解を徙す」、つまり移住の対象として解の名を挙げたと書いてあることからすると、吏は彼もしくは彼の父の楊を恐れたということか、あるいはすでにそうやって解の名が記された名簿に逆らうのを恐れたということでしょう。中井履軒『史記雕題集』は、解の名が「籍」（名簿）に記載されていたから、とします。

不敢不は、しないわけにはいかない。それをしないと面倒なことになったり、失礼にあたったり、そういう時に使います（↓『語法』34節G26）。「移居させないわけにはいかなかった」。

c　衛将軍為言、郭解家貧不中徙　**衛将軍**《えいしょうぐん》は、匈奴《きょうど》征伐で名高い衛青《えいせい》（前?～前一〇六）。姉が武帝の寵姫となったことから引き立てられ、匈奴《きょうど》征伐に大きな功績があり、大将軍にまで至りますが、もともとは低い身分出身の苦労人で、謙虚で思いやりのある人物であったとされます（『史記』衛将軍驃騎《ひょうき》列伝）。

為言は、ここでは「為に言う」、郭解のために言う、ということです。**中**は、先ほどと同じく、あたる・該当する。郭解は貧しいので、移住には該当しないと主張したのです。

d　上曰、布衣権至使将軍為言、此其家不貧。　**上**は、皇帝への敬称。漢音で〈ショウ〉と読むのが通例です。ここでは武帝。

布衣は、庶民が着る布製の粗末な衣服から、平民・官位のない者のこと（↓第4日3a）。それなのに、**権**すなわち権勢は、将軍をして彼の為に発言させるに至る、と武帝は言うわけです。

至使将軍為言の読み方に注意しましょう。**使**は使役。ここでは郭解が将軍を使いに出すわけはありませんから、「使者を派遣して」という意味は抜け落ちて、「させる」という完全な使役動詞です。

此には、このことは・ということとは、と説明する働きがあります。接続詞の「則」に似た用法です。

e　解家遂徙　**遂**は、そのまま、その流れのまま、かくして（↓第11日2d）。同訓の「竟」との違いも確認しておきましょう（↓第14日3d）。衛将軍の擁護も武帝のことばが下されれば無力です。郭解一家はそのまま移住となりました。

f　諸公送者出千餘万　**送**［おくル］は、見送る・餞別をする。**出**［いズ］は、超える。餞別の金額が千餘万銭を超えたということです。

あるいは**出**［いダス］ととり、「見送りにきた名士たちは千餘万銭を拠出した」とする解釈もあります。

g　軹人楊季主子為県掾、挙徙解、解兄子断楊掾頭、由此楊氏与郭氏為仇　**楊季主**は、『史記』ではここにしか名は見えません。ただ、地元の有力者だったのでしょう。

県掾は、県令の補佐をする属官（下役）で、その土地の有力者の推薦で選ばれたと考えられています。**挙**は、ここでは、名簿に加える。解の甥がそれを恨んでその役人を殺し、そのために楊家と郭家は仇敵になります。

由此は、それが原因で。次の**与**は、AとBと、のかたちではなく、AはBと、のかたちであることに注意。接続詞でなく前置詞として機能しています。

それでは訓読してみましょう。一気に読みましたが、いかがでしょうか。現代語訳でも確認してください。

返り点

及㆑徙㆓豪富茂陵㆒也、解家貧、不㆑中㆑訾、吏恐、不㆓敢不㆒㆑徙。衛将軍為言、郭解家貧不㆑中㆑徙、上曰、布衣権至㆑使㆓将軍為言㆒、此其家不㆑貧。解家遂徙、諸公送者出㆓千餘万㆒。軹

人楊季主子為二県掾一、挙徙レ解、解兄子断二楊掾頭一、由レ此楊氏与二郭氏一為レ仇。

豪富を茂陵に徙《うつ》すに及ぶ也、解の家貧しくして、訾《し》に中らざるも、吏恐れ、敢えて徙さずんばあらず。衛将軍為に言う、「郭解の家貧しく徙に中らず」と、上《しょう》曰わく、「布衣にして権は将軍をして為に言わ使《し》むるに至る、此れ其の家貧しからず」と。解の家遂に徙り、諸公の送る者千餘万を出ず。軹の人楊季主の子県の掾為り、挙げて解を徙し、解の兄の子楊掾の頭を断《き》り、此れに由りて楊氏郭氏と仇と為る。

コラム⑤ 「何の」か「何ぞ」か

郭解（三）に「**彼何罪**」という短い句があります。この訓読は、「何の罪（か）あらん」でしょうか、「何ぞ罪あらん」でしょうか。

意味としては「どんな罪があるというのか」と「なんで罪があるというのか」で、結局は「彼には罪がない」ということで文脈的にはどちらでも通りそうです。

これまでの和刻本・注釈書はみな、「彼 何の罪（か）あらん」というように読んでいます。しかし、「何」は、同じ『史記』で「蘇秦笑謂二其嫂一曰、何前倨而後恭也」では、「何ぞ前には倨《おご》りて後には恭しきか」（蘇秦《そしん》列伝、『語法』35節A9）というように、「何ぞ」と読む場合もあります。なぜここでは「何ぞ罪あらん」と読まないのでしょうか。

これを考えるには「罪」という語の用法を見てみなければなりません。名詞ではもちろん「つみ」、法律・道徳違反・あやまちという意味です。

「大臣亡レ罪（大臣 罪亡《な》し）」（『漢書』蘇武《そぶ》伝、『語法』10節12）

「今法有二誹謗妖言之罪一（今《いま》法に誹謗《ひぼう》・妖言《ようげん》の罪有り）」（『史記』孝文本紀《こうぶんほんぎ》、『語法』12節17）

「是皆秦之罪也（是れ皆な秦《しん》の罪なり）」（『戦国策』秦策《しんさく》一、『語法』13節3）

「殺二一無罪一（一〔人の〕無罪〔のひと〕を殺す）」（『孟子』尽心《じんしん》篇上、『語法』16節A1）
「得二罪於燕一（罪を燕《えん》〔という国〕に得たり）」（『史記』蘇《そ》秦《しん》列伝、『語法』23節4）
「臣之罪甚多矣（臣《わたし》の罪 甚《はなは》だ多し）」（『左伝』僖《き》公《こう》二十四年、『語法』24節1）

いずれも、……之罪、有罪、無（亡）罪、得罪のかたちとなり、「罪」は存在するか否か、ある（える）かないか、で判断されます。
問題なのは動詞で読む場合です。これは**罪**〔つみス〕と読み、処罰する・とがめる・罪をきせる意味で、他動詞です。具体例を見ていきましょう。

「罪二其姉子一（解の姉の子を罪す）」（游侠列伝、郭解（二））
「其罪二典衣一、以為レ失二其事一也（其の典衣《てんい》を罪するは、以て其の事を失すと為せば也）」（『韓非子』二《に》柄《へい》篇、『語法』20節I2）
「秦王因不レ罪（秦王 因《よ》りて罪せず）」（『戦国策』秦策《しんさく》五、『語法』29節C27）

最後の例は、一見自動詞のようにも見えますが、罪を受けそうになったのは別に中期という人物がおり、あきらかに「（秦王は）処罰しなかった」の意味です。つまり「罪」は、動詞となる場合は他動詞なのです。「罪がある」という自動詞には使われないのです。

もし「彼何罪」の「何」を「何ぞ」と読めば、反語ですから「彼不罪」と同意となります。しかし、それは「彼がどうして○○を責めようか（処罰しようか）」という意味になり、「なんで罪があるというのか」という意味にはなりません。「罪はない」とするために、しかたないので「何罪」は「（有）何罪」と解釈して、「何の罪か（あらん）」と読んでいるというのが、このコラムの結論になります。

では「彼何罪」を「彼 何ぞ罪あらん」とは読まないにせよ、「彼 何ぞ罪せん」と絶対に読まないか、といえば、読むこともあるでしょう。誰か処罰されてしかるべき人がいるにもかかわらず、「彼」はその人を罰しようとはしない、という文脈ならば。しかし、我々はその使用例を見つけられていません。

西田太一郎氏は『漢文の語法』の文例で、きちんとこう読まれています。

「其民何罪（其の民 何の罪あらん）」（『晋語《しんご》』三、『語法』16節C5）

「季布何大罪（季布は何の大罪ありて）」（『史記』季布《きふ》欒布《らんぷ》列伝、『語法』35節A5）

古来「何の罪（か）あらん」と読まれてきたのは、そういうことだったのです。

第14日　郭解（五）

郭解《かくかい》の伝記の最終段です。ここは長いですが、力を尽くして郭解の最期を見届けましょう。まず現代語訳から。

現代語訳

郭解が関中《かんちゅう》に入ると、関中の有力者で彼を知る者も知らない者も、その名声を聞いて、争って解と親交を結んだ。郭解の容姿は小柄で、酒を飲まず、外出するとき騎馬を従えることもついぞなかった。さらに〔誰かが〕楊季主《ようきしゅ》を殺した。その後、楊季主の家の者が上書《じょうしょ》しようとしたので、さらにその者を宮殿の門前で殺した。帝がそれを聞いて、解を捕えるよう役人に命令した。

解は逃亡し、母と妻子を夏陽《かよう》に落ち着かせ、自身は臨晋《りんしん》へと行った。臨晋の籍少公《せきしょうこう》はもともと解とは知り合いではなかったが、解は名を偽って会い、籍少公のつてで関所を出してほしいと頼んだ。籍少公が関所から解を出してやると、解は方向を転じて太原《たいげん》に入ったが、解は行き先をそのつど主人の家に告げていた。役人は彼を追跡し、籍少公までたどりついたが、少公は自殺し、口述は途切れた。しばらくしてから、ようやく解は捕えられた。犯罪を徹底的に調べたが、解の殺人は、すべて恩赦の前であった。

軹《し》県の儒者が、取り調べの使者の席に控えていたが、ある侠客が郭解を誉《ほ》めると、儒者は、「郭解は悪事を働いて公法を犯すばかりだ、どうして賢と言えるだろう」と言った。解の客分がそれを聞き、この儒者を殺して、彼の舌を切った。役人はそのことで解を追及したが、解は殺した者が誰かほんとうに知らず、殺した者もついには命を絶ち、誰なのかを知る者はなく、役人は解は無罪だと奏上した。

御史大夫《ぎょしたいふ》の公孫弘《こうそんこう》は、「解は平民でありながら任侠《にんきょう》を行って権勢を振い、ささいなことで人を殺してきたのであり、解がこの殺人に関知しないとしても、その罪は解自身が殺すよりも大きく、大逆無道に相当する」と奏議した。かくて郭解翁伯《おうはく》は一族皆殺しとなった。

訓読文も見ておきましょう。

訓読文

解《かい》関《かん》に入《い》るや、関中《かんちゅう》の賢豪《けんごう》知《し》ると知《し》らざると、其《そ》の声《こえ》を聞《き》き、争《あらそ》いて解《かい》に交驩《こうかん》す。解《かい》人《ひと》と為《な》り短小《たんしょう》、酒《さけ》を飲《の》まず、出《い》ずるに未《いま》だ嘗《かつ》て騎《き》有《あ》らず。已《すで》に又《ま》た楊季主《ようきしゅ》を殺《ころ》し、楊季主《ようきしゅ》の家《いえ》上書《じょうしょ》し、人《ひと》又《ま》た之《これ》を闕下《けっか》に殺《ころ》す。上《しょう》聞《き》き、乃《すなわ》ち吏《り》に下《くだ》して解《かい》を捕《とら》えしめんとす。

解《かい》亡《に》げ、其《そ》の母《はは》と家室《かしつ》とを夏陽《かよう》に置《お》き、身《み》は臨晋《りんしん》に至《いた》るも、臨晋《りんしん》の籍少公《せきしょうこう》素《もと》より解《かい》を知《し》らず。解《かい》冒《おか》して、因《よ》りて関《かん》を出《い》ずるを求《もと》む。籍少公《せきしょうこう》已《すで》に解《かい》を出《い》だし、解《かい》転《てん》じて太原《たいげん》に入《い》るに、過《よぎ》る所《ところ》は輒《すなわ》ち主人《しゅじん》の家《いえ》に告《つ》ぐ。吏《り》之《これ》を逐《お》い、跡《たず》ねて籍少公《せきしょうこう》に至《いた》るも、少公《しょうこう》自殺《じさつ》し、口《くち》絶《た》ゆ。之《これ》を久《ひさ》しうして、乃《すなわ》ち解《かい》を得《う》、犯《おか》す所《ところ》を窮治《きゅうち》するに、解《かい》の殺《ころ》す所《ところ》と為《な》るは、皆《み》な赦《しゃ》の前《まえ》に在《あ》り。

軹《し》に儒生《じゅせい》有《あ》りて使者《ししゃ》の坐《ざ》に侍《じ》す、客《きゃく》郭解《かくかい》を誉《ほ》む、生《せい》曰《い》わく、「郭解《かくかい》専《もっぱ》ら姦《かん》を以《もっ》て公《こう》法《ほう》を犯《おか》す、何《なん》ぞ賢《けん》と謂《い》わん」と。解《かい》の客《きゃく》聞《き》き、此《こ》の生《せい》を殺《ころ》し、其《そ》の舌《した》を断《き》る。吏《り》此《こ》れを以《もっ》て解《かい》を責《せ》むるも、解《かい》は実《じつ》に殺《ころ》す者《もの》を知《し》らず、殺《ころ》す者《もの》も亦《ま》た竟《つい》に絶《た》え、誰《たれ》為《た》るかを知《し》る莫《な》し、吏《り》解《かい》の罪《つみ》無《な》きを奏《そう》す。

御史《ぎょし》大夫《たいふ》公孫弘《こうそんこう》議《ぎ》して曰《い》わく、「解《かい》布衣《ふい》にして任侠《にんきょう》を為《な》し権《けん》を行《おこな》い、睚眦《がいさい》を以《もっ》て人《ひと》を殺《ころ》す、解《かい》知《し》らずと雖《いえど》も、此《こ》の罪《つみ》解《かい》の之《これ》を殺《ころ》すよりも甚《はなは》だし、大逆無道《たいぎゃくむどう》に当《あ》たる」と。遂《つい》に郭解翁伯《かくかいおうはく》を族《ぞく》す。

では原文を区切りながら、とりくんでいきましょう。

原文① 解入関、関中賢豪知与不知、聞其声、争交驩解。解為人短小、不飲酒、出未嘗有騎。已又殺楊季主、楊季主家上書、人又殺之闕下。上聞、乃下吏捕解。

a　解入関、関中賢豪知与不知、聞其声、争交驩解　**入関**、「関」は函谷関《かんこくかん》、郭解は軹《し》（河南《かなん》省）の人でしたので西のかた函谷関を経て長安《ちょうあん》に向かいました。**賢豪**は、賢士豪傑、有力者。**知与不知**は、「面識のある者もない者もともに」、「無……（与）……」（……も……も区別なく）の応用形です（→『語法』33節I4）。

争交驩解は四文字なので、「争交・驩解」と分かれそうですが、「交驩」という熟語がありますので、「争って（郭）解と交驩す」。**交驩**は、交際して相手の歓心をかうこと。**驩**［よろこブ］〈カン〉は、いずれも音〈カン〉の歓・懽・讙と通じ、声をあげるような喜び・楽しみを表します。

b　解為人短小、不飲酒、出未嘗有騎　「解為人短小、不飲酒」は同じ表現が第10日1d・eにありました。中井履軒の説によれば、ここは誤写で余計な語。「出未嘗有騎」は、「不敢乗車」（→第13日1a）の前に置くべきだとしますが、『史記』の原文に則してそのまま訳しておきます。**出**［いズ］は、外出すること。**未嘗有**は、「これまで……したことがない」（→『語法』34節G49〜51）。
騎は、馬に乗った従者。郭解は馬車に乗って外出したのですが、騎馬の供はつけず、第13日1aにあったように、県の役所に入る時は馬車を降りました。

c　已又殺楊季主、楊季主家上書、人又殺之闕下　**已**は、「……してから」でした（→第14日2c）。先に楊季主の子が郭解の兄の子に殺され、次に楊季主自身も殺されます。そこで**又**（さらにまた）と表現しました（→『語法』10節）。

上書は、君主に書面を差し出すこと。楊季主は亡くなってますから、「家」の遺族が上書するわけです。

殺は二重目的語を取る動詞（例えば「与」や「謂」など）ではありませんので、少し戸惑います。**闕**〈ケツ〉は、宮門・城門の両脇にある高殿、つまり宮門・城門。ここでは長安の朝廷に上書しようとやってきた、その「下」ですから「闕下」は、宮廷の門下という「場所」。つまりこの「闕下」は目的語ではなく、場所を表す連用修飾語と考え、「殺之於闕下（これを闕下で殺した）」と解釈するとうまくいきます。楊季主の子を殺したのも、楊季主を殺したのも郭解ではない以上、「闕下」で殺人したのも郭解ではありません。ここの**人**は、「誰か」「ある者」などと訳せばよいでしょう。someoneです。

d　上聞、乃下吏捕解　**上**は、上様、この場合は皇帝。**聞**［きく］、耳にする。「聴」ですと、聞き入れる・聞いて処理する意で、同じ訓読でも意味が異なります。**乃**は、非常に強い「すなわち」でその下には、意外なこと・初めてのこと・強い因果関係などが来ます。ここでは「あろうことか」という感じです。**下吏捕解**は「下吏 解を捕う（下級役人が郭解を捕える）」とも文法的には読めますが、皇帝が事情を耳にしたあと、突然下級役人が行動するというのは、話が飛びすぎです。「下レ吏」、「（皇帝が）官吏に（命令を）下して」とすると、きれいにつながります。漢文は時制がはっきりしないので「捕解」が、「解を捕えた」なのか、「解を捕えようとした」なのかは文脈によって決まります。次の段になりますが、直後に郭解は逃亡しますので、「解を捕えようとした」が正解となります。

ここまでを、訓読で確認しておきましょう。

返り点

解入レ関、関中賢豪知与レ不レ知、聞二其声一、争交二驩解一。解為レ人短小、不レ飲レ酒、出未二嘗有一レ騎。已又殺二楊季主一、楊季主家上書、人又殺二之闕下一。上聞、乃下レ吏捕レ解。

解関に入るや、関中の賢豪知ると知らざると、其の声を聞き、争いて解に交驩す。解人と為り短小、酒を飲まず、出ずるに未だ嘗て騎有らず。已に又た楊季主を殺し、楊季主の家上書し、人又た之を闕下に殺す。上聞き、乃ち吏に下して解を捕えしめんとす。

原文②

解亡、置其母家室夏陽、身至臨晋。臨晋籍少公素不知解、解冒、因求出関。籍少公已出解、解転入太原、所過輒告主人家。吏逐之、跡至籍少公、少公自殺、口絶。久之、乃得解、窮治所犯、為解所殺、皆在赦前。

a　解亡、置其母家室夏陽、身至臨晋　郭解は逃亡すると、その母と**家室**（「住宅」を表すこともありますがここでは「家族」）を「夏陽」に置き、自身は「臨晋」にやってきます。**夏陽**県は、今の陝西省《せんせい》韓城《かんじょう》市の南、実は司馬遷が夏陽の人です。明確に地名なので「置其母家室於夏陽」の「於」をつけなくてよいわけです。**臨晋**県は、今の陝西省渭南《いなん》市大荔《だいれい》県。黄河が南流から東流へと向きを変える、直前の西側。次項に見るように渡し場の関所があります。夏陽県・臨晋県はともに、左馮翊《さひょうよく》郡に属し、長安の北東に位置しますが、夏陽県の方が遠方です。まず遠く妻子を安全な場所に置き、自身は臨晋県に戻ってきたことになります。

b　臨晋籍少公素不知解、解冒、因求出関　**臨晋籍少公**は、「臨晋は少公を籍《か》りて」と文法的には読めますが、臨晋は地名で前の文から続きますし、**少公**はここで初めて出る人名です。「魯朱家《ろしゅか》」「楚田仲《そでんちゅう》」のように地名＋人名のかたちを思い出せば、「臨晋の籍少公（人名）」とわかります。

素［もとヨリ］は、はじめから・まえまえから。**冒**［おかス］は、侵害する。「冒称」「冒名」で、他人の姓名を詐称する意味になりますが、「冒」一字でもそうした意味で使われます。お尋ね者をかくまったり、名簿によって移住させられたり、国家による名の支配とそれへの抵抗もまた俠の物語の軸になっています。**因**［よリテ］は、それで・それによって。上文を受けます。「籍少公が郭解と旧知でなかったので、それをよいことに郭解は姓名を偽り、関所を出ようとした」とも解釈できますが、「籍少公は郭解と旧知でなかったので、迷惑がかからないように解は名前をいつわって交誼を結び、籍少公も解だと知りながら、別人として出関させた」と解釈した方が、俠者郭解らしい感じが出ると思います。

ここでの**関**は、函谷関ではなく臨晋関。漢の武帝による改名後は蒲津《ほしん》関ですが、山西省に向かう黄河の渡し場にある関所です。ここを通り、郭解は東の方向へと逃げていきます。

C　籍少公已出解、解転入太原、所過輒告主人家　**已**［すでニ］は、……してから。**転**は、方向を変えること。籍少公が郭解を関所から脱出させてやると、郭解は東から北に方向を変えて、太原《たいげん》郡（山《さん》西《せい》省）に入ります。とはいえ、臨晋の関を東に抜けてどこかに行く予定であったのを太原に変更した、という記載がないので、少しおかしな気もします。

過は、「よぎる」と読めば、途中で立ち寄る・訪れる。「すぎ」と読めば、通過する・経過する。日本漢字音では〈カ〉で同じですが、中国語では、前者は平声で、後者は去声と読み分けます（↓コラム③）。**所過**、「所＋〔動詞〕」＝〔動詞〕する対象」ですから、郭解の立ち寄る対象、立ち寄り先。通過する場所、という可能性もあります。**輒**［すなわチ］は、そのたびごとに。ただちに、という意味になることもあります。**告**は、つげる、おしえる。「立ち寄り先はそのつど主人の家に告げた」が直訳ですが、このままでは意味がよくわかりません。そこで、「所過」と「主人家」が具体的に何を指すのか、誰が誰に何を「告」げるのか、によって解釈がわかれます。「（郭解は）次の立ち寄り先について、そのつど泊まり先の主人に告げた」「立ち寄り先は、そのつど次の泊まり先の主人を（郭解に）告げた」などです。これらの解釈は、次の文で述べられる捕吏の追跡の背景説明としてこの文をとらえていますが、むしろ、郭解が太原まで支障なく移動したことをこの文が言うのだとすれば、「立ち寄り先では、すぐに身を寄せるところを（郭解に）知らせた」「立ち寄ったところでは、（郭解が来たと）すぐに宿所の主人に知らせた」などの解釈を検討する余地もあります。当時の通関や移動についての知見は、出土資料を活用して、近年大きく進んでいます。ひとまず「郭解は、立ち寄り先について、そのつど泊まり先の主人に告げた」と訳しておきますが、今後、新知見を利用した新解釈もあり得るでしょう。

d　吏逐之、跡至籍少公、少公自殺、口絶　**吏**は、捕吏、**逐**［おウ］は、あとを追う。**跡**［たずヌ］は、追跡すること。「迹」「蹟」とも書きます。**口**は、証言、口述。役人は解を追跡します。しかし、追跡して籍少公まで至ると、少公は自殺し、自らの口を封じてしまいます。籍少公は、もともと郭解と知り合いでなかったのに、郭解のためにそこまでした、というのは、「知与不レ知、聞二其声一、争交二驩解一」というように郭解の名声が広まっていたからだと、岡白駒《おかはっく》という江戸時代の注釈家は言います。しかし、名声だけでなく、実際にその人に会って（偽名であれ）誼《よし》みを結んだことが大きいのではないでしょうか。

e　久之、乃得解　**久之**は、長いあいだ・しばらくのあいだ。訓読では「之を久しうして」と読みますが、「之」は時間を表す語の後に付く助詞、語調を整えるもので意味はありません。「頃之」という言い方もあり、「これをしばらくして」と読むこともありますが、二字で「しばらクシテ」と読む方が多いでしょう。**乃**「すなわチ」は既出、そこでやっと。吏（役人）は、郭解を捕まえます。

f　窮治所犯、為解所殺、皆在赦前　**窮**はそれ以上先に行けないところまで突き詰めること。**治**は処理すること。**所犯**は犯罪をした対象、犯した事件。「郭解が犯した事件をとことん調べたが」。**為解所殺**は、郭解が殺す対象と為る意から受身形となります（→『語法』30節F）、「郭解に殺された」。**皆在赦前**、いずれも恩赦以前に在った（ことで無罪だった）。

以上、本来は「A為B所殺」のかたちで「AはBに殺される（た）」となるべきところ、「為解所殺」ではAにあたるものがなく、直訳すると「郭解が犯した事件を追及したが、郭解に殺され、みな恩赦以前だった（ので無罪だった）」となり、文意が不安定です。

「者」を足して「為解所殺者」（郭解に殺された者は）、あるいは「為」を軽く見て「解所殺」（解の殺した相手は）の意で理解するべきところかもしれません。

『漢書』の作者班固《はんこ》は困ったのでしょう、ここを「窮治所犯為、而解所殺、皆在赦前（犯為する所を窮治するに、而るに解の殺す所は、皆な赦の前に在り）」（犯罪行為をとことん調べたが、解が殺したのは、みな恩赦以前であった）に直し、なんとか意味が通るように整形しています。

それでは、返り点をつけて読んでみましょう。

返り点

解亡、置㆓其母家室夏陽㆒、身至㆓臨晋㆒。臨晋籍少公素不㆑知㆑解、解冒、因求㆑出㆑関。籍少公已出㆑解、解転入㆓太原㆒、所㆑過輒告㆓主人家㆒。吏逐㆑之、跡至㆓籍少公㆒、少公自殺、口絶。久㆑之、乃得㆑解、窮㆓-治所㆑犯、為㆓解所㆑殺、皆在㆓赦前㆒。

解亡げ、其の母と家室とを夏陽に置き、身は臨晋に至るも、臨晋の籍少公素より解を知らず。解冒《おか》して、因りて関を出ずるを求む。籍少公已に解を出だし、解転じて太原に入り、過《よぎ》る所は輒ち主人の家に告ぐ。吏之《これ》を逐い、跡《たず》ねて籍少公に至るも、少公自殺し、口絶ゆ。之を久しうして、乃ち解を得。犯す所を窮治するに、解の殺す所と為るは、皆な赦の前に在り。

原文③

輒有儒生侍使者坐、客誉郭解、生曰、郭解専以姦犯公法、何謂賢。解客聞、殺此生、断其舌。吏以此責解、解実不知殺者、殺者亦竟絶、莫知為誰、吏奏解無罪。

a　輒有儒生侍使者坐、客誉郭解、生曰、郭解専以姦犯公法、何謂賢　**輒**（河南省）は、郭解や楊季主の出身地でした。**儒生**は儒者、「生」は知識人への呼称。**侍**［はベル］は、目上の者のそばに付き従うこと。**使者**は、前段の皇帝から派遣された事件担当の役人。解の地元の輒県在住のある儒者がその使者に取り入っていました。そこへ**客誉郭解**、侠客の一人がきて、解を誉めました。「客」は、後ろの「解客」と同一人物とする説やそこにいた坐客という説もありますが、ここでは解の側に立つ人物として「ある侠客」と訳しました。

それに対し儒生が意見を言います。**専**［もっぱラ］は、ひたすら・一途に。**姦**は、よこしま・悪事。男女の不正な関係という意味もありますが、郭解には関係ありません。「姦犯」は意味をなしませんので、「以ㇾ姦」で、悪事によって。**公法**は、公《おおやけ》の法・お上の法・国法。つまり「専以姦犯公法」で「悪事によって国法を犯してばかり」。**何謂賢**、「どうして賢といえようか」。**賢**は徳と才能を兼ね備えて立派なことで、「かしこい」ではありませんでした（→第5日2d）。

b　解客聞、殺此生、断其舌　**聞**は、耳に入る。**此生**は、この儒生。「郭解の客分はそれを耳にすると、この儒者を殺し、その舌を断ち切った」。

c　吏以此責解、解実不知殺者　**吏**＝「使者」は、「以レ此」この殺人事件のことで、郭解を責めたが、解は実際に殺人者を知らなかった。

d　殺者亦竟絶、莫知為誰　殺された儒者ばかりでなく殺した者も、**竟**［つい二］とうとう・最後には、命を絶ったが、殺した者が誰なのかを知る者はいなかった。**莫**は「誰も……いない」（→『語法』33節Da）。この部分、『漢書』は「絶」を削り、「殺者亦竟莫知為誰」（殺人者もまた結局誰だったのか知る者はいなかった）としますが、『史記』の方が整っています。

e　吏奏解無罪　**奏**は上奏、皇帝（朝廷）に報告すること。役人は仕方なく、郭解は無罪であると報告するしかありませんでした。

それでは、返り点をつけて読んでみましょう。

返り点

軹有二儒生一侍二使者坐一、客誉二郭解一、生曰、郭解専以レ姦犯二公法一、何謂レ賢。解客聞、殺二此生一、断二其舌一。吏以レ此責レ解、解実不レ知二殺者一、殺者亦竟絶、莫レ知レ為レ誰、吏奏二解無一レ罪。

軹に儒生有りて使者の坐に侍す、客 郭解を誉む、生曰わく、「郭解 専ら姦を以て公法を犯す、何ぞ賢と謂わん」と。解の客聞き、此の生を殺し、其の舌を断《き》る。吏此れを以て解を責むるも、解は実に殺す者を知らず、殺す者も亦た竟《つい》に絶え、誰為るかを知る莫し、吏 解の罪無きを奏す。

原文④ 御史大夫公孫弘議曰、解布衣為任俠行権、以睚眦殺人、解雖弗知、此罪甚於解殺之。当大逆無道。遂族郭解翁伯。

a　御史大夫公孫弘議曰　**御史大夫**は、監察をつかさどる御史台《ぎょしだい》の長官。副丞相《じょうしょう》に相当し皇帝の側近でした。公孫弘《こうそんこう》(前二〇〇~前一二一)は、六〇歳を超えてから武帝に取り立てられた遅咲きの儒者で、前一二六年に御史大夫となり、前一二四年には丞相となりました。公孫が姓です。法律と事務に精通し、外面は寛大そうに見えながら、仇敵《きゅうてき》には必ず復讐するような裏の顔を持った人でした。儒者ですからもちろん「儒生」が殺されたとあれば、黙っていません。

公孫弘は、郭解を無罪とする上奏《じょうそう》に対して「議」、つまり意見を立てます。御史大夫としての「奏議《そうぎ》」です。

b　解布衣為任俠行権　**布衣**は、庶民が着る布製の粗末な衣服から、平民・官位のない者のことでした。ここでは、平民として・平民でありながら、という連用修飾語となっています。

行権は、権力を行使すること。「庶民でありながら、任侠をなし、権勢をふるい」。以前、郭解が茂《も》陵《りょう》に移居させられた時の「布衣権至使将軍為言、此其家不貧」（→第13日2d）と同様の論理が使われます。

c　以睚眦殺人　**睚眦**〈ガイサイ〉は睚眥・厓眥とも書く、畳韻《じょういん》の語（→『語法』37節）。目を怒らせてキッとにらむこと。『史記』范雎蔡沢《はんしょさいたく》列伝に「睚眥之怨必報」（ちょっとにらまれたぐらいの恨みにも必ず報復する）という言い回しが見えることも含めて、第10日3fを参照。「わずかな恨みから人を殺した」。

d　解雖弗知　既出ですが、古い用法では**弗**〈フツ〉は「不之〈フシ〉」の合音として使われますので（→第8日1c）、「解雖不之知」となり（「不之知」は「不知之」の倒置ですね）、つまり「郭解はこれを知らなかったといっても」。

e　此罪甚於解殺之　形容詞の後ろにつく「於」は、比較の「より」（→『語法』31節A）。「この罪は解自身がこれを殺したのよりひどい」。つまりその影響力の大きさが国家の秩序を揺るがしかねないと主張しているのです。

f　当大逆無道　**当**は、罪に相当する。**大逆無道**は「大逆不道」（『漢書』宣帝《せんてい》紀・楊惲《よううん》伝など）とも書かれ、要するに人倫に反逆する大罪です。『史記』では他に高祖劉邦《こうそりゅうほう》が項羽《こうう》を非難するときに二回、「大逆無道」と言っています（「高祖本紀」）。

g　遂族郭解翁伯　**遂**は、その流れのまま、かくして。**族**は滅族、一人の罪を一族まで連座させて誅《ちゅう》殺《さつ》すること。**翁伯**は郭解の字《あざな》でした。「かくして郭解翁伯は一族皆殺しの刑となった」。

　これまでは「出解」「得解」「責解」のように簡単に郭解の名のみを目的語に使ってきましたが、郭解の伝記の最後は重みをつけて「郭解翁伯」と表し、余韻を持たせたのでしょう。あるいは、前述のように、翁伯は字《あざな》ではなく、「親分《おやぶん》」という呼び名なのかもしれません（→第10日1a）。その場合も「郭解親分」と（呼び捨てではない）親しみが感じられる表現となります。これほどまでの不世出の人物、郭解翁伯も、体制維持のためには誅殺という結果になりました。

長かった郭解の伝記の最後、それでは、返り点をつけて読んでみましょう。

返り点

御史大夫公孫弘議曰、解布衣為㆓任侠㆒行㆑権、以㆓睚眦㆒殺㆑人、解雖㆑弗㆑知、此罪甚㆓於解殺㆒㆑之。当㆓大逆無道㆒。遂族㆓郭解翁伯㆒。

御史大夫公孫弘 議して曰わく、「解 布衣にして任侠を為し権を行い、睚眦を以て人を殺す、解 知らずと雖も、此の罪解の之を殺すよりも甚だし、大逆無道に当たる」と。遂に郭解翁伯を族す。

第15日　游侠のその後・論賛

本伝の最後です。郭解《かくかい》以後、小物になっていく游侠たちの名前と、最後に司馬遷による概括が述べられます。いつものように訳文から入りましょう。

現代語訳

これから後、侠を行う者は極めて多かったが、威張っていても大した者はいなかった。しかし関中では長安の樊仲子《はんちゅうし》・槐里《かいり》の趙王孫《ちょうおうそん》・長陵《ちょうりょう》の高公子《こうこうし》・西河《せいか》の郭公仲《かくこうちゅう》、それに太原《たいげん》の鹵《ろ》公孺《こうじゅ》・臨淮《りんわい》の兒長卿《げいちょうけい》・東陽《とうよう》の田君孺《でんくんじゅ》らがいて、彼らは侠を行うとはいえ、腰が低く遠慮深い君子の風格があった。北道《ほくどう》の姚氏《ようし》・西道《せいどう》の杜《と》氏一族・南道《なんどう》の仇景《きゅうけい》・東道《とうどう》の趙他《ちょうた》羽《う》公子《こうし》・南陽《なんよう》の趙調《ちょうちょう》といった者たちになると、大盗賊盗跖《とうせき》が民間にいるようなものにすぎず、言うに足らない。これこそ先の朱家《しゅか》が恥と考えた輩なのである。

太史《たいし》公《こう》が言うに、私は郭解を見たが、その風貌は人並み以下で、そのことばはとるに足りないようであった。それなのに天下の人は、賢者も愚者も、彼を知る者も知らない者も、みな彼の名声を慕い、侠を語る者はみな彼を引きあいに出して名を揚げようとした。諺《ことわざ》にいう、「人は盛んな名声を容貌とすれば、どうして消えることがあろうか」と。ああ、惜しいことである。

訓読はこうです。

訓読文

是《こ》れ自《よ》り後《のち》、侠《きょう》を為《な》す者《もの》極《きわ》めて衆《おお》きも、敖《ごう》にして数《かぞ》うるに足《た》る者《もの》無《な》し。然《しか》れども関中《かんちゅう》は長安《ちょうあん》の樊仲子《はんちゅうし》・槐里《かいり》の趙王孫《ちょうおうそん》・長陵《ちょうりょう》の高公子《こうこうし》・西河《せいか》の郭公仲《かくこうちゅう》・太原《たいげん》の鹵《ろ》公孺《こうじゅ》・臨淮《りんわい》の児長卿《げいちょうけい》・東陽《とうよう》の田君孺《でんくんじゅ》、侠《きょう》を為《な》すと雖《いえど》も、而《しか》も逡逡《しゅんしゅん》として退譲《たいじょう》の君子《くんし》の風《ふう》有《あ》り。北道《ほくどう》の姚氏《ようし》・西道《せいどう》の諸杜《しょと》・南道《なんどう》の仇景《きゅうけい》・東道《とうどう》の趙他《ちょうた》羽《う》公子《こうし》・南陽《なんよう》の趙調《ちょうちょう》の徒《と》の若《ごと》きに至《いた》りては、此《こ》れ盗跖《とうせき》の民間《みんかん》に居《お》る者《もの》なる耳《のみ》、曷《なん》ぞ道《い》うに足《た》らん哉《や》。此《こ》れ乃《すなわ》ち郷者《さき》の朱家《しゅか》の羞《しゅう》なるもの也《なり》。

太史公《たいしこう》曰《い》わく、吾《われ》郭解《かくかい》を視《み》るに、状貌《じょうぼう》は中人《ちゅうじん》に及《およ》ばず、言語《げんご》は採《と》るに足《た》らざる者《もの》なり。然《しか》れども天下《てんか》賢《けん》と不肖《ふしょう》と、知《し》ると知《し》らざると無《な》く、皆《み》な其《そ》の声《こえ》を慕《した》い、侠《きょう》を言《い》う者《もの》皆《みな》引《ひ》きて以《もっ》て名《な》ありと為《な》さんとす。諺《ことわざ》に曰《い》わく、「人《ひと》栄名《えいめい》を貌《ぼう》とせば、豈《あ》に既《つ》くる有《あ》らん乎《や》」と。於戯《ああ》、惜《お》しい哉《かな》。

原文を区切りながら、とりくんでみましょう。

原文①

自是之後、為侠者極衆、敖而無足数者。然関中長安樊仲子、槐里趙王孫、長陵高公子、西河郭公仲、太原鹵公孺、臨淮児長卿、東陽田君孺、雖為侠、而逡逡有退譲君子之風。至若北道姚氏、西道諸杜、南道仇景、東道趙他羽公子、南陽趙調之徒、此盗跖居民間者耳、曷足道哉。此乃郷者朱家之羞也。

a　自是之後　**自**［より］は起点を表す前置詞で「……から」。場所にも時間にも使いました（→『語法』12節7〜12）。「自此之後」（『韓非子《かんぴし》』外儲《がいちょ》説篇右上）と「此」を用いても同じ意味です、「それから後」。

b　為侠者極衆、敖而無足数者　**衆**［おおシ］は、人が多い。**敖而**は、少し読みにくいところ。「敖〈ゴウ〉」は「傲〈ゴウ〉」に通じ、おごる・あなどる。**足数**、「数」は動詞で「数う」、数えるに足る、ということで数えあげる価値がある・称賛する価値がある、という意味になります。「俠を行う者は極めて多いが、（みな）傲っていて称える価値のある者はいない」。しかし「敖而（傲っていて）」の部分は、前後から少し浮いた感じがします。そこで『漢書《かんじょ》』では、すっきり「敖」の字が省略されています（「俠を行う者は極めて多いが、称える価値のある者はいない」）。

C　然関中長安樊仲子、槐里趙王孫、長陵高公子、西河郭公仲、太原鹵公孺、臨淮児長卿、東陽田君孺　**然**は「如ㇾ是」（かくのごとし）、順接か逆接か添加かは、前後の文脈から判断するのでした（↓第2日1b）。ここでは、「数えあげる価値がある者はいない。そうではあるが、」ということで逆接の「然れども」。以下はまた地名と人名が続きます。諸注の考証によって以下に記しますが、興味のない方は、読み飛ばしてくださってかまいません。

関中は、函谷《かんこく》「関《かん》」以西の地域で、陝西《せんせい》省の西安《せいあん》を中心とした渭水《いすい》盆地一帯を指します。そこに以下の**長安**（現在の西安市）、**槐里**（興平《こうへい》市の東南）、**長陵**県（咸陽《かんよう》市渭城《いじょう》区）があります。**西河**郡（陝西省楡林《ゆりん》市府谷《ふこく》県）は、陝西省の最北部で山西《さんせい》省に接し、次の**太原**郡（山西省太原市）同様、北方です。**臨淮**郡は、現在の江蘇《こうそ》省（古くは安徽《あんき》省）宿遷《しゅくせん》市泗洪《しこう》県、**東陽**は、直前が「臨淮」郡ですから、その近くの東陽県（安徽省天長《てんちょう》市の西北）で、山東《さんとう》省濰坊《いぼう》市臨朐《りんく》県東の斉《せい》の故地ではないと思われます。

樊仲子・趙王孫・高公子・郭公仲・鹵公孺・児長卿・田君孺は、『漢書』ではそれぞれ、樊中子・趙王孫・高公子・郭翁中《おうちゅう》・魯《ろ》翁孺《おうじゅ》・児長卿・陳君孺と記されますが、事跡はいずれも未詳です。**児**は、姓の場合、音は〈ジ〉ではなく〈ゲイ〉。

d　雖為俠、而逡逡有退譲君子之風　**雖**［いえどモ］は譲歩を表しますからここでの「俠」はそれほどよくない意味。**逡逡**〈シュンシュン〉は畳語《じょうご》、「逡」が、ゆずる・しりぞくことですから、二字で恭順なさま・腰が低いさま。『漢書』では「恂恂」と記しますが、意味は変わりません。**退譲**は複語、退はしりぞく、譲はゆずる、あわせて謙遜で奥ゆかしいこと（→第6日1c）。「俠ではあるが、腰が低く奥ゆかしい君子の風格があった」。

e　至若北道姚氏、西道諸杜、南道仇景、東道趙他羽公子、南陽趙調之徒　**至若**は、「至如」に同じで、「至若A、B」の構文を作ります（→第1日3・4・第5日3・第6日2）。之徒までがAであることはわかりやすいのですが、現代語では「……のような連中」と言うほうが自然なのに、訓読は「……の徒の若きに至りては」となることには注意が必要です。**北道**・**西道**・**南道**・**東道**は都長安からみた方角。**趙他羽公子**は諸説あり、注がなければ読めません。古い解釈では趙他と羽公子の二人とされますが、唐の時代にはすでに姓が趙、名が他羽で、字が公子であると解釈されています（『史記索隠《さくいん》』→コラム④）。『漢書』では「佗羽公子」として、顔師古《がんしこ》（→第8日1d）は、姓が佗《た》、名が羽、字が公子と注しており、要するによくわかりません。**南陽郡**は、河南《かなん》省南陽《なんよう》。

f　此盗跖居民間者耳　此によって、この句が「至若A、此B」の構文になっていることがわかります。**盗跖**は『孟子』『荘子』『荀子』などに見える大盗賊。**耳**〈ジ〉は合音字で「而已〈ジイ〉」「のみ」の音が縮まったもの（→第5日3c）。同じく「のみ」と読んで、意味は、限定の場合は「……だけだ」、断定の場合は「……なのである」。

g　曷足道哉　**曷**〈カツ〉は「何」〈カ〉と音が近く、通用します。**道**［いウ］は、ことばに出すこと。
「言及する価値もない」。

h　此乃郷者朱家之羞也　**乃**［すなわチ］は、非常に強いすなわち、「（これ）こそが」。**郷者**は二字で「さきに」。嚮・曏・郷・向は、いずれも音〈キョウ〉で、「さきに」（以前に）という副詞。**者**は、「郷者《さきに》」「昔者《むかし》」「頃者《このごろ》」など、時に関係した語に付ける接尾語です（→『語法』20節H）。

朱家之羞は、普通に読めば「朱家の羞」（朱家の恥ずかしいこと）ですが、文意が通りません。ここでは「朱家が恥ずかしいと考えること」の意。それでしたら普通は「朱家所羞」と書いた方がわかりやすく、実際『漢書』では同じ部分が「朱家所羞」に書き換えられています。「これこそが、むかし朱家が恥ずかしいと思った輩なのである」。

それでは、返り点をつけて読んでみましょう。

返り点

自レ是之後、為レ俠者極衆、敖而無二足レ数者一。然関中長安樊仲子、槐里趙王孫、長陵高公子、西河郭公仲、太原鹵公孺、臨淮児長卿、東陽田君孺、雖レ為レ俠、而逡逡有二退譲君子之風㆒。至㆑若㆓北道姚氏、西道諸杜、南道仇景、東道趙他羽公子、南陽趙調之徒㆒、此盗跖居㆓民間㆒者耳、曷足㆑道哉。此乃郷者朱家之羞也。

是れ自り後、俠を為す者極めて衆きも、敖にして数うるに足る者無し。然れども関中は長安の樊仲子・槐里の趙王孫・長陵の高公子・西河の郭公仲・太原の鹵公孺・臨淮の児長卿・東陽の田君孺、俠を為すと雖も、而も逡逡《しゅんしゅん》として退譲の君子の風有り。北道の姚氏・西道の諸杜・南道の仇景・東道の趙他羽公子・南陽の趙調の徒の若きに至りては、此れ盗跖の民間に居る者なる耳、曷ぞ道うに足らん哉。此れ乃ち郷者《さき》の朱家の羞なるもの也。

原文②

太史公曰、吾視郭解、状貌不及中人、言語不足採者。然天下無賢与不肖、知与不知、皆慕其声、言俠者皆引以為名。諺曰、人貌栄名、豈有既乎。於戯、惜哉。

a　太史公曰　列伝の最後は、多くこの「太史公曰」で始まる評論で締めくくられます。もっとも本伝のように複数回出現するものや（第3日を覚えていますか）、「太史公曰」で締めくくられない列伝もあります。

このかたちは後の史書に受け継がれ、班固《はんこ》『漢書』、范曄《はんよう》『後漢書』では「賛曰（賛に曰く）」、陳《ちん》寿《じゅ》『三国志』では「評曰（評に曰く）」、『宋書《そうじょ》』『魏書《ぎしょ》』など南北朝諸史・新旧『唐書《とうじょ》』では「史臣曰（歴史官曰く）」のように、いろいろな書き方がされますが、まとめて「論賛」と呼ばれます。

b　吾視郭解　**視**［みル］は、しっかりとみる・会う。司馬遷は実際に郭解に会ったことがあったのです。最後の司馬遷のまとめは、やはり郭解です。

c　状貌不及中人　**状貌**は複語、「状」もすがたかたち、貌もすがたかたち、あわせてもすがたかたちです。**中人**は「常人」といっても同じ、普通の人です。「すがたかたちは普通の人にも及ばず」「風貌は人並み以下」。

郭解の伝のところでは「為人短小」、体格は小さい、と記してありました（→第10日1d）。『史記』の英雄たちの風貌は、劉邦や項羽にしても、立派ですぐれていることが強調されます。人のもつ才能や力量はおのずと外にあらわれるというのが当時の通念でした。『史記』外戚《がいせき》世家には「其の身貌形状を視るに、以て人主に当たるに足らず矣」とも記されます。しかし郭解はそういう通念には当てはまらないようです。

もう一人、同じような描写をされている人物がいます。李将軍、すなわち司馬遷が宮刑に遭うまでして弁護した李陵《りりょう》の祖父、李広です。「余　李将軍を睹《み》るに悛悛《しゅんしゅん》（謹み深いさま）として鄙人《ひじん》（いなか者）

の如く、口 道辞《どうじ》（弁舌）する能わず」（「李将軍《りしょうぐん》列伝」）。しかし李広は「桃李《とうり》言わざれども、下自ら蹊《けい》を成す」（同）と高評価を得ています。

d　言語不足採者　**言語**も複語、ことば。この場合は、弁舌や話術、話しぶり。**採**［とル］は、採りあげる、拾いとる、とりあげる。**者**は、ここでは「状貌」と「言語」についての様子や状態を指します（→『語法』20節G6）。「ことばは採るに足りない状態であった」。

e　然天下無賢与不肖、知与不知、皆慕其声　**然**［しかレドモ］、そうではあるが。**天下**は世の中（の人）。「無A（与）B」は、「A（と）Bと無く」と読み、「AもBも区別なく」の意（→『語法』33節I）。**無賢与不肖**で、「賢なる者も不肖の者も区別なく」。「賢」は才能徳行がすぐれていること（者）、立派であること（者）、頭がよいだけの「かしこい」ではありません。**肖**は「にる」（「肖像画」を想起してみてください）、「不肖」は（立派な）父に似ていない意で、父の優秀さを引き継いでいないこと、出来の悪いこと（者）。以上、「そうではあるけれど、世の中の賢者も不肖者も、（郭解を）知る者も知らない者も、みな郭解の名声を慕った」。

f　言侠者皆引以為名　**引以為名**の「引」［ひク］は、引きあいに出す・引用する。「引」のあとに目的語「郭解」が省略されているとみます。以は、それでもって、そうすることで。名は、名誉・著名。名詞が単独で用いられると「すぐれた（名詞）」という意味になる場合が多いのはいいですね（→第6日1d）。「為ㇾ名」は「名を為す」（名を揚げた）とすると、全員の名声が一律にあがったことになるので、ここでは「名を為さんとす」（名を揚げようとした）と未然のかたちで訳しておきました。「侠について語る者はみな郭解を引きあいに出して名声をなそうとした」。

ここまでが一般的な解釈ですが、新たな解釈もできそうです。司馬遷が郭解の容貌言語について語り、「(郭解を)知る者も知らない者も」と言っていることから、郭解は同時代の存在です。となるとこの「引」は実際に「招く・引き入れる」なのかもしれません。「季布欒布列伝」には、任侠で有名な季布が曹丘という人を「引入」した結果、「季布名所㆓以益聞㆒者、曹丘揚㆑之也」(季布の名声が益々高まったのは、曹丘がこれを揚げたのである)と書かれています。「侠について語る者はみな郭解を招き入れて名を揚げようとした」、こう解釈すると郭解が逃亡生活を続けられた背景の説明にもなりますが、どうでしょうか。

g 諺曰、人貌栄名、豈有既乎　最後に意外な難所がきました。**諺**［ことわざ］に**曰**［いワク］は、問題ないですね。「人貌栄名、豈有既乎」が、古来解釈の割れているところです。普通に二字・二字のリズムで読めば、「人貌と栄名は、どうして「既」があるだろうか」。**既**の解釈が苦しいですが、前漢の揚雄《ようゆう》(前五三〜一八)による辞書『方言《ほうげん》』が「既　定也」とするのを使えば、「人の容貌と名声は、どうして定まったものがあるだろうか(ともに変化するものだ)」、あるいは上文からの文脈に引きつけて「人の容貌と名声は、どうして定まった関係にあろうか(貧弱な容貌でも高い名誉をえる場合がある)」。

しかし、「人貌」と「栄名」を対に考えるべきではないのかもしれません。「栄名」は『史記』の他の箇所にも、また他の文献にも見える熟語ですが、「人貌」は『史記』には他になく、『荘子《そうじ》』田子方篇に「人貌而天虚」（人のすがたをしているが天の広さをそなえている）とあるのがようやく見つかるくらいです。しかしこれは「栄名」と対になりません。司馬遷は、郭解は、貌も言も大したことではないのに、その名声は他に抜きんでている、とここまで主張しています。郭解は「栄名」の保持者です。しかし「貌」は標準以下。容貌がその人の才能や力量を示すという通念で言えば、郭解の真の「貌」は、その人の風貌ではなく、その「栄名」なのだ、というのが司馬遷の考えではないでしょうか。

とすると、「貌」を動詞化させて、「人 栄名を貌とすれば」と読み、下句は「既」の本義「つく」（なくなる）を用いて（皆既《かいき》月食《げっしょく》の既がこれです）、「豈に既《つ》くる有らんや」とすれば（「集解《しゅうかい》」に載せる晋《しん》の徐広《じょこう》の説）、「（人の容貌は歳とともに衰えるが）もし人が名声を容貌に代えれば、尽きることなく永遠に不滅である」と理解できます。容貌は人とともに失われるが名声はそうではない、という「諺」（民間で言い慣わされたことば）自体は単純ですが、司馬遷はそこに深い意味を読み取ったのでしょう。多くの注がこの解釈を妥当とするのもうなずけます。

さらにまた、「貌」を「バク（邈）」と読み、「人栄名を貌《はる》かにせば、豈に既《つ》くる有らんや」（名声を遠く届かせれば、どうして消えることがあろうか）とする説もあるようですが、そうなると司馬遷が郭解の風貌を云々している意味がなくなります。やはり徐広説がよさそうです。

h　於戯、惜哉

於戯［おこ］は、ああ、という感嘆を表す語。於乎、於呼、嗚呼、いずれも同じです。
惜哉、惜しいことだなあ、もちろん郭解が誅殺《ちゅうさつ》されたことがです。

最後の論は、「游侠列伝」の結語というより、郭解に対する結語です。「游侠列伝」は、まさに郭解のために立伝された部分なのです。紙幅的にもほぼ半分を占める郭解の伝記は精彩に富み、一方それ以外の部分は、游侠の正当性を懸命に説明しようとし、補助的にすら見えます。司馬遷は、郭解に実際に会い、その容貌がその名声に比べあまりに普通であったことに驚き、また何気ないことばから感じられるその人格に圧倒されて、「游侠列伝」を思い立ったのだと私（T）は思います。本書の途中で嫌になり、最後を読まれに来た方々（きっといらっしゃるでしょう。私はそのタイプです）、よろしければ第10日からの郭解の伝記だけでも読んでみてください（それが面白かったら、余韻で前や後ろもご覧ください）。

全篇おつきあい、ありがとうございました。

それでは、最後の訓読の確認です。現代語訳でも振り返ってください。

返り点

太史公曰、吾視二郭解一、状貌不レ及二中人一、言語不レ足レ採者。然天下無下賢与二不肖一、知与上不レ知、皆慕二其声一、言レ侠者皆引以為レ名。諺曰、人貌二栄名一、豈有レ既乎。於戯、惜哉。

太史公曰わく、吾 郭解を視るに、状貌は中人に及ばず、言語は採るに足らざる者なり。然れど

も天下　賢と不肖と、知ると知らざると無く、皆な其の声を慕い、俠を言う者皆な引きて以て名ありと為さんとす。諺に曰わく、「人　栄名を貌とせば、豈に既《つ》くる有らん乎《や》」と。於戯《ああ》、惜しい哉《かな》。

漢文談義③

T ようやく、ひととおり終わりましたね。反省会もかねて、ここはこうも解釈できるのでは、とか、まだどこか腑に落ちないところとかありませんか。

S 私はやっぱり第4日の「此豈非人之所謂賢豪間者邪」ですね。まず修辞。「此豈非……邪」でくくって、さらに「人之所謂……者」を挟んで、真ん中が「賢豪間」。二重の定型でくるんでいる。しかも「所謂」に「人之」をつける。履軒《りけん》は「間」が衍字《えんじ》（余分で不要な字）ではないかと言いますが、それなら第4日の「此豈非賢豪邪」のようにもっとすっきりさせたい。一方で「賢豪間」だけだと舌足らずに感じます。『史記』の「貨殖《かしょく》列伝」に「此所謂得埶而益彰者乎（此れ所謂埶《いきお》いを得て益ます彰《あらわ》るる者乎）」「豈所謂素封者邪、非也（豈に所謂素封なる邪《か》、非ざる也）」とありますが、「所謂」の後には、ある決まったフレーズや評語が入ります。「所謂」には「者」がつかないパターンもありますから、もしかして「人之所謂」は「賢豪」までで、「人が言う賢豪」の「間者」と見なせるのでは、つまり「間」というのは司馬遷の見立てということかもと考えたわけですが……。

T その「間者」は「あいだにいるもの」という意味ですよね。『史記』では、ちかごろ・さきごろという意味での「間者」は使われますが、もちろんここは文脈からそういう意味ではない（ちなみに『史記』には「間人」（スパイ）としての「間者」の用例はないようです）。この部分を「A之所謂B者」のかたちとみれば、Bの部分は一語で読むしかありません。つまり「人之所謂「賢豪間」者」と読むしかないように思われるのです。「人の賢豪と謂う所の間の者」と読むのは、厳しいんじゃないでしょうか。

S　たしかに「所謂賢豪間者」は一気に読みます。しかし「人之所謂……者」を抜いたなら「此豈非賢豪間邪」より「此豈非賢豪間者邪」のほうが落ち着きますよね。

T　「此豈非賢豪間邪」は、なるほどおかしい。「此豈非賢豪間者邪」の方がバランスがよくて、しかも意味も通る。でも「賢豪間者」と「所謂賢豪間者」はやっぱり構造が異なるんじゃないですかね。『荀子《じゅんし》』非《ひ》十二子《じゅうにし》篇の「今之所謂処士者」（いま処士《しょし》と言われる者）のように「所謂……者」は枠組みなのだと思いますが。

S　「者」はいろいろ便利に使えますが、厳密に解釈しようとすると手こずる時があります。この場合、「此豈非」と「人之所謂」の両方を受けてしまっている感じです。その前に出てくる「居間者」「多不聴者」についても本文で説明していますが、これも「者」のはたらきの幅広さを示しています。興味深いことに、『漢書』だとこうした「人」とも「こと」ともとれる「者」は「洛陽人有相仇者、邑中賢豪、居間以十数、終不聴。客乃見解。解夜見仇家、仇家曲聴。解謂仇家、「吾聞洛陽諸公在間、多不聴」」のように取り除いてしまうんですよね。「有相仇者」のようにはっきり人であるものはそのままです。

T　こういう考え方はどうでしょう。司馬遷は他所で「所謂避世於朝廷間者也（東方朔《とうぼうさく》は）世を避けて（山中ではなく）朝廷にいるといわれるものです）」（「滑稽列伝《こっけい》」）という言い方をしていますよね。ここはわざわざ「間」を入れなくても意味が通じるのに、入れている。ですから「所謂賢豪間者」の「間」も「賢豪たち」「賢豪仲間」のようにリズムを整える語助のようなかたちで入っているのではと。『礼記《らいき》』祭義《さいぎ》篇の「君子之所謂孝也者」の「也」のように、これは明確に語助ですが、文章を落ち着かせるためにいれているという可能性はないでしょうか。

S　なるほど。ただ気になるのは、東方朔が朝廷に紛れこんだ存在であること。「賢豪間」というのも、「賢豪」ではないが、その中で対等につきあいをしている、ということかなと思いました。「賢」と「豪」の中間に位置するという解釈もありますが、どうでしょうか。

T　「賢」と「豪」の中間というのは、結局どういう存在かよくわかりません。「賢豪」はやはり熟語ですよね、「賢者豪傑」。「俠者」はどうやら「賢豪」とは異質なもので、同化することができず、「間」に粒のように介在する存在のようです。

一方、別の個所で司馬遷は、難しいことではあるが、市井の俠者が賢であると称えられることがあると言っています（「至如閭巷之俠……莫不称賢、是為難耳」）。「俠者」は「賢（者）」にはなれても、「賢豪」にはなれない。では、「俠者」と「賢豪」は何が違うんでしょう。

S　私たちは漢代史の専門家ではないので、大ざっぱな理解に過ぎませんが、中央権力と在地勢力というのがあるとして、「賢豪」は在地ですよね。これまでの訳注もそういう理解だと思います。で、「豪」というのは、この場合は資産なり地縁・血縁なりがあるわけです。「俠」は違いますね。「游」がつけばなおさらです。

T　なるほど。「賢豪」は、土地の有力者ということですね。たしかに「賢豪」は、本伝で「邑中賢豪」「近県賢豪」「関中賢豪」というように、ほぼ土地と結びついて登場します。

S　郭解が資産をもたなかった、しかし豪族と同じ力を発揮し、同じ憂き目に遭ったと本伝で強調されるのも、そこがかなめだからではないでしょうか。俠自体は、財も学もなくてよいのです。宮崎市定「游俠に就て」(『宮崎市定全集』5、岩波書店)を始め、専門家の游俠論がありますから、これは余計なおしゃべりですが、郭解は、俠であること以外の何かをもっていないんですよね。豪快な気質だと豪俠と呼ばれたりしますが(先の賢豪とは違います)、郭解は「陰賊」です。外見もぱっとしない。それでもその名は永遠である。で、俠たるゆえんは義にある。ではその義は何かというと……、とこれは終わりませんね。

T　義は『史記』では必ずしも報われず、どこか悲しい。「義人」で「義として周の粟を食まず」の伯夷・叔斉は首陽山で餓死します。伯夷・叔斉の姿も、粛清される郭解の姿も、資産や地縁という背景を持たず、才を頼みに中央で奮闘し、しかし宮刑に処せられた司馬遷自身の姿にむすびついていくかもしれない……。とつい読みたくなってしまうところで、後は読者のみなさんにお任せしましょうか。

おわりに

田口　一郎

漢文を読む難しさはどこにあるのでしょう。

高校までの漢文の教科書には、厳然と訓点がついていたので、私は漢文というのは、文法に沿って自動的に返り点や訓読が決まる言語だと思っていました。英語の授業で、文法的な構造分析は正解が一つであるかのように叩きこまれていたことも背景にあります（その後、必ずしもそんなこともないとわかりましたが）。

ところが、漢文は全く同形の文でも、前後の文脈によって構造分析や解釈が変化する言語で、返り点や訓読はそれを付けた注釈者の解釈に過ぎない。そのことに専攻に進んでから気づき、愕然《がくぜん》としました。つねに前後の文脈を注意深く考えながら読んでいかなければならず、思いこみが強いとつねに誤読の可能性があるからです。

本書では、ある部分の文法構造はできる限り、こうも読めるし、こうも読める、と多様な解釈の可能性を提示しました。そして、その中から文脈的に一番ふさわしいものを選ぶという作業を実感していただけるよう、くどいくらいに説明を加えました。聡明な方々には、「正しくない解釈を縷々《るいるい》書き連ねないで、正解だけを示せばよいのに」と苛立たせてしまったかもしれません。しかし、正解だけを示して、それを暗記していただいても、未知なる文章を読めるようにはならないと思うのです。

むかし自動車の教習所でこんな経験をしました。担当の先生は、つねに正しい方法を示される方で、「この位置に旗が見えたら、ハンドルを半分回す」とか「この坂を越えたら、すぐウィンカーを出す」といった教え方をされました。私はまもなく、教習所の中は問題なく回れるようになりました。ところが、私は、どうしてそうすればうまく運転できるのか、よくわかりませんでした。最後の場内教習の時間、「もうできるようになったから、今日は好きなように運転していいよ」と言われた私は、クルマというのはどういう動きをするのかを知りたくて、教えられたこととすべて反対のことをしました。結果、脱輪し、ポールに当たり、車庫の柵を壊し、指導の先生を激怒させ、再教習を命じられましたが、ようやくクルマというものの動きを体感することができました。

多くの漢文の解説書は、こう読みますという正解だけしか示してくれません。現在の私の目からは、その理由がわかります。あぶない解釈は解説者も検討しているのですが、一番理屈が通る厳選した解釈だけを採っているのです。また古典なので解釈が諸説紛々《しょせつふんぷん》とし、まとまらない部分もあるのですが、それを言い出すと読者は混乱しますし、なにより紙幅の都合もありますから、思いきって「これが正しい読み方です」という書き方しかできないのです。

しかし、入門者であった私は、どうしてそうなるのかわからないことが、よくありました。時間をかけて一応わかっても、場合によってはその正解にどうしても納得できず、自分の頭が悪いのかと悩んだものです。しかたがないので、小川環樹《おがわたまき》・西田太一郎《にしだたいちろう》『漢文入門』を読みこみ、西田太一郎『漢文の語法』を読みこみ、少し中国語ができるようになってからは中国の文法書を読みこみ、漢籍《かんせき》の原典に触れ続けました。今でもまだまだわからないことだらけですが、わかることもだんだん増えてきました。

私は、中国明《みん》・清《しん》時代の詩文を中心とした研究をしていますが、学生諸氏を含め、いろいろな方々から「漢文が読めるようになるには、どうしたらよいのでしょう」という質問をよく受けます。共著者の齋藤希史さんは、六朝《りくちょう》文学から近代日本の漢文体の文学まで、幅広く研究されるかたですが、やはり同様の質問をつねに受けられているようです。もちろんよい参考書はいろいろあるのですが、いつか徹底的に説明を施した解説書を書いてみたい。齋藤さんとそんなことを話しつつ幾星霜《いくせいそう》。

今年（二〇二三年）、長らく絶版となっていた西田先生の『漢文の語法』を、KADOKAWA学芸図書課の伊集院元郁さん・宮川友里さんのご尽力により復刊することができました。その機会に、『漢文の語法』に準拠しつつ、受験参考書ではない、漢文に興味のある社会人や大学生向けの漢文解説書についてご提案申し上げたところ、お二人は快く企画を承諾してくださいました。実質執筆時間が三か月と短い中、宮川さんにはさまざまな要求に応えていただきました。ここに感謝申し上げます。また、日本大学文理学部の片倉健博さんには、ゲラを読んでいただき、問題点や改良点をご指摘いただきました。お礼申し上げます。

素材には『史記』の「游侠列伝」全文を選びました。齋藤さんも私も『史記』の専門家ではないのですが、中国では長らく『史記』『漢書』の文体が、文章の規範とされてきましたので、あえてこれを採りあげました。また、本物の原典を、解釈が容易なところ、難しいところ含めて、最後まで読み切るという経験をしていただくために、一部の抜粋ではなく、「游俠列伝」全文といたしました。

では、なぜ「游俠列伝」かというと、分量が読み切るにふさわしく、内容が『史記』に特徴的なものだからです。「游俠列伝」は最も短い列伝の一つですが、それでも本書の分量になりました。内容的には、司馬遷にとって郭解は特別な人物であったようで(最終日「太史公曰」の項参照)、司馬遷の筆致が存分に発揮されています。本文の解説でもふれましたが、前半の「序」の部分が難解でやめたくなられる方もいらっしゃるかと思います。が、郭解の伝記を、まずは日本語の部分だけで結構ですので、読んで「俠気」を感じていただければと思います。

先にも書きましたように、著者二人は『史記』の専門家ではないので、現在の最先端の研究を反映できていないところもあると思います。また、本書では安全策を採らず、冒険的な解釈にもあえて触れてみました。著者二人の力及ばず、誤謬《ごびゅう》や理解困難な点、魯魚《ろぎょ》の誤り等々は多々あることと思います。読者の方々から、ご指摘、ご意見をいただければ幸いです。

主要参考文献（著者五十音順）

青木五郎『史記　十三（列伝六）』（新釈漢文大系一一五）明治書院、二〇一三
一海知義『史記』（平凡社ライブラリー七一〇）平凡社、二〇一〇
猪口篤志『続文章軌範（上）』（新釈漢文大系五六）明治書院、一九八九
牛島徳次『漢語文法論（古代編）』大修館書店、一九六七
汪涌豪『中国遊俠史』（鈴木博訳）、青土社、二〇〇四
小川環樹・今鷹真・福島吉彦『史記列伝（五）』（岩波文庫）岩波書店、一九七五
小川環樹・西田太一郎『漢文入門』（岩波全書二三三）岩波書店、一九五七
小川環樹（他）『角川新字源』改訂新版、KADOKAWA、二〇一七
小竹文夫・小竹武夫『史記8　列伝四』（ちくま学芸文庫）筑摩書房、一九九五
金谷治『韓非子』（一）〜（四）（岩波文庫）岩波書店、一九九四
田中謙二・一海知義『史記（五）』（中国古典選22）朝日新聞社、一九七八
戸川芳郎（監修）『全訳漢辞海』第四版、三省堂、二〇一七
西田太一郎『漢文の語法』（角川ソフィア文庫）KADOKAWA、二〇二三
野口定男『史記　下』（中国古典文学大系12）平凡社、一九七一

附　録

句読点つき原文

韓子曰、儒以文亂法、而俠以武犯禁。二者皆譏、而學士多稱於世云。至如以術取宰相卿大夫、輔翼其世主、功名俱著於春秋、固無可言者。及若季次・原憲、閭巷人也、讀書懷獨行君子之德、義不苟合當世、當世亦笑之。故季次・原憲終身空室蓬戶、褐衣疏食不厭、死而已四百餘年、而弟子志之不倦。

今游俠、其行雖不軌於正義、然其言必信、其行必果、已諾必誠、不愛其軀、赴士之阸困、既已存亡死生矣、而不矜其能、羞伐其德。蓋亦有足多者焉。

且緩急、人之所時有也。太史公曰、昔者虞舜窘於井廩、伊尹負於鼎俎、傅說匿於傅險、呂尚困於棘津、夷吾桎梏、百里飯牛、仲尼畏匡、菜色陳・蔡。此皆學士所謂有道仁人也、猶然遭此菑、況以中材而涉亂世之末流乎、其遇害、*何可勝道哉。

鄙人有言曰、何知仁義、已饗其利者、爲有德。故伯夷醜周、餓死首陽山、而文武不以其故貶王。跖・蹻暴戾、其徒誦義無窮。由此觀之、竊鉤者誅、竊國者侯、侯之門、仁義存、非虛言也。

今拘學或抱咫尺之義、久孤於世、豈若卑論儕俗、與世沈浮而取榮名哉。而布衣之徒、設取予然諾、千里誦義、爲死不顧世。此亦有所長、非苟而已也。故士窮窘而得委命、此豈非人之所謂賢豪閒者邪。

誠使鄉曲之俠、予季次・原憲比權量力、效功於當世、不同日而論矣。要以功見言信、俠客之義、又曷可少哉。

古布衣之俠、靡得而聞已。近世延陵・孟嘗・春申・平原・信陵之徒、皆因王者親屬、藉於有土卿相之富厚、招天下賢者、顯名諸侯、不可謂不賢者矣、比如順風而呼、聲非加疾、其埶激也。

至如閭巷之俠、脩行砥名、聲施於天下、莫不稱賢、是爲難耳、然儒・墨皆排擯不載。自秦以前、匹夫之俠、湮滅不見、余甚恨之。

以余所聞、漢興有朱家・田仲・王公・劇孟・郭解之徒、雖時扞當世之文罔、然其私義廉絜退讓、有足稱者。名不虛立、士不虛附。

至如朋黨宗彊、比周設財役貧、豪暴侵淩孤弱、恣欲自快、游俠亦醜之。余悲世俗不察其意、而猥以朱家・郭解等令與暴豪之徒同類而共笑之也。

魯朱家者、與高祖同時。魯人皆以儒教、而朱家用俠聞。所藏活豪士以百數、其餘庸人不可勝言、然終不伐其能、歆其德、諸所嘗施、唯恐見之、振人不贍、先從貧賤始。家無餘財、衣不完采、食不重味、乘不過軥牛、專趨人之急、甚己之私。既陰脫季布將軍之阸、及布尊貴、終身不見也。自關以東、莫不延頸願交焉。

楚田仲以俠聞、喜劍。父事朱家、自以爲行弗及。田仲已死、而雒陽有劇孟。周人以商賈爲資、而劇孟以任俠顯諸侯。吳楚反時、條侯爲太尉、乘傳車、將至河南、得劇孟、喜曰、吳楚擧大事、而不求孟、吾知其無能爲已矣。天下騷動、宰相得之、若得一敵國云。劇孟行大類朱家、而好博、多少年之戲。然劇孟母死、自遠方送喪蓋千乘、及劇孟死、家無餘十金之財。

而符離人王孟、亦以俠稱江淮之閒。是時濟南瞯氏・陳周庸亦以豪聞、景帝聞之、使使盡誅此屬。其後代諸白・梁韓無辟・陽翟薛兄・陜韓孺、紛紛復出焉。

郭解、軹人也、字翁伯、善相人者許負外孫也。解父以任俠、孝文時誅死。解爲人短小精悍、不飮酒。少時陰賊、慨不快意、身所殺甚衆。以軀借交報仇、藏命作姦、剽攻不休、及鑄錢掘冢、固不可勝數。適有天幸、窘急常得脫、若遇赦。

及解年長、更折節爲儉、以德報怨、厚施而薄望。然其自喜爲俠益甚、既已振人之命、不矜其功、其陰賊著於心、卒發於睚眦如故云。而少年慕其行、亦輒爲報仇、不使知也。

解姊子負解之勢、與人飮、使之嚼、非其任、彊必灌之。人怒、拔刀刺殺解姊子、亡去。解姊怒曰、以翁伯之義、人殺吾子、賊不得。棄其尸於道、弗葬、欲以辱解。解使人微知賊處、賊窘自歸、具以實告解。解曰、公殺之固當、吾兒不直。遂去其賊、罪其姊子、乃收而葬之。諸公聞之、皆多解之義、益附焉。

解出入、人皆避之、有一人獨箕踞**視之、解遣人問其名姓、客欲殺之。解曰、居邑屋、至不見敬、是吾德不脩也、彼何罪。乃陰屬尉史曰、是人、吾所急也、至踐更時、脫之。每至踐更、數過、吏弗求。怪之、問其故、乃解使脫之、箕踞者乃肉袒謝罪。少年聞之、愈益慕解之行。

雒陽人有相仇者、邑中賢豪居閒者以十數、終不聽。客乃見郭解、解夜見仇家、仇家曲聽解、解乃謂仇家曰、吾聞雒陽諸公在此閒、多不聽者、今子幸而聽解、解柰何乃從他縣奪人邑中賢大夫權乎。乃夜去、不使人知、曰、且無用待我、待我去、令雒陽豪居其閒、乃聽之。

解執恭敬、不敢乘車入其縣廷。之旁郡國、爲人請求事、事可出、出之、不可者、各厭其意、然後乃敢嘗酒食。諸公以故嚴重之、爭爲用。邑中少年及旁近縣賢豪、夜半過門常十餘車、請得解客舍養之。

及徙豪富茂陵也、解家貧、不中訾、吏恐、不敢不徙。衞將軍爲言、郭解家貧不中徙、上曰、布衣權至使將軍爲言、此其家不貧。解家遂徙、諸公送者出千餘萬。軹人楊季主子爲縣掾、擧徙解、解兄子斷楊掾頭、由此楊氏與郭氏爲仇。

解入關、關中賢豪知與不知、聞其聲、爭交驩解。解爲人短小、不飮酒、出未嘗有騎。已又殺楊季主、楊季主家上書、人又殺之闕下。上聞、乃下吏捕解。

解亡、置其母家室夏陽、身至臨晉。臨晉籍少公素不知解、解冒、因求出關。籍少公已出解、解轉入太原、所過輒告主人家。吏逐之、跡至籍少公、少公自殺、口絕。久之、乃得解、窮治所犯、爲解所殺、皆在赦前。

軹有儒生侍使者坐、客譽郭解、生曰、郭解專以姦犯公法、何謂賢。解客聞、殺此生、斷其舌。吏以此責解、解實不知殺者、殺者亦竟絕、莫知爲誰、吏奏解無罪。

御史大夫公孫弘議曰、解布衣爲任俠行權、以睚眦殺人、解雖弗知、此罪甚於解殺之。當大逆無道。遂族郭解翁伯。

自是之後、爲俠者極衆、敖而無足數者。然關中長安樊仲子、槐里趙王孫、長陵高公子、西河郭公仲、太原鹵公孺、臨淮兒長卿、東陽田君孺、雖爲俠、而逡逡有退讓君子之風。至若北道姚氏、西道諸杜、南道仇景、東道趙他羽公子、南陽趙調之徒、此盜跖居民閒者耳、曷足道哉。此乃鄉者朱家之羞也。

太史公曰、吾視郭解、狀貌不及中人、言語不足採者。然天下無賢與不肖、知與不知、皆慕其聲、言俠者皆引以爲名。諺曰、人貌榮名、豈有既乎。於戲、惜哉。

＊諸本により補う。　＊＊諸本は「倨」に作る。

白文

韓子曰儒以文亂法而俠以武犯禁二者皆譏而學士多稱於世云至如以術取宰相卿大夫輔翼其世主功名俱著於春秋固無可言者及若季次原憲閭巷人也讀書懷獨行君子之德義不苟合當世當世亦笑之故季次原憲終身空室蓬戶褐衣疏食不厭死而已四百餘年而弟子志之不倦今游俠其行雖不軌於正義然其言必信其行必果已諾必誠不愛其軀赴士之阨困既已存亡死生矣而不矜其能羞伐其德蓋亦有足多者焉且緩急人之所時有也太史公曰昔者虞舜窘於井廩伊尹負於鼎俎傅說匿於傅險呂尚困於棘津夷吾桎梏百里飯牛仲尼畏匡菜色陳蔡此皆學士所謂有道仁人也猶然遭此菑況以中材而涉亂世之末流乎其遇害何可勝道哉鄙人有言曰何知仁義已饗其利者爲有德故伯夷醜周餓死首陽山而文武不以其故貶王跖蹻暴戾其徒誦義無窮由此觀之竊鉤者誅竊國者侯侯之門仁義存非虛言也今拘學或抱咫尺之義久孤於世豈若卑論儕俗與世沈浮而取榮名哉而布衣之徒設取予然諾千里誦義爲死不顧世此亦有所長非苟而已也故士窮窘而得委命此豈非人之所謂賢豪閒者邪誠使鄉曲之俠予季次原憲比權量

力效功於當世不同日而論矣要以功見言信俠客之義又曷可少哉古
布衣之俠靡得而聞已近世延陵孟嘗春申平原信陵之徒皆因王者親
屬藉於有土卿相之富厚招天下賢者顯名諸侯不可謂不賢者矣比如
順風而呼聲非加疾其埶激也至如閭巷之俠脩行砥名聲施於天下莫
不稱賢是爲難耳然儒墨皆排擯不載自秦以前匹夫之俠湮滅不見余
甚恨之以余所聞漢興有朱家田仲王公劇孟郭解之徒雖時扞當世之
文罔然其私義廉絜退讓有足稱者名不虛立士不虛附至如朋黨宗彊
比周設財役貧豪暴侵淩孤弱恣欲自快游俠亦醜之余悲世俗不察其
意而猥以朱家郭解等令與暴豪之徒同類而共笑之也魯朱家者與高
祖同時魯人皆以儒教而朱家用俠聞所藏活豪士以百數其餘庸人不
可勝言然終不伐其能歆其德諸所嘗施唯恐見之振人不贍先從貧賤
始家無餘財衣不完采食不重味乘不過軥牛專趨人之急甚己之私旣
陰脫季布將軍之阸及布尊貴終身不見也自關以東莫不延頸願交焉
楚田仲以俠聞喜劍父事朱家自以爲行弗及田仲已死而雒陽有劇孟
周人以商賈爲資而劇孟以任俠顯諸侯吳楚反時條侯爲太尉乘傳車
將至河南得劇孟喜曰吳楚舉大事而不求孟吾知其無能爲已矣天下
騷動宰相得之若得一敵國云劇孟行大類朱家而好博多少年之戲然

劇孟母死自遠方送喪蓋千乘及劇孟死家無餘十金之財而符離人王孟亦以俠稱江淮之間是時濟南瞯氏陳周庸亦以豪聞景帝聞之使使盡誅此屬其後代諸白梁韓無辟陽翟薛兄陝韓孺紛紛復出焉郭解軹人也字翁伯善相人者許負外孫也解父以任俠孝文時誅死解爲人短小精悍不飲酒少時陰賊慨不快意身所殺甚衆以軀借交報仇藏命作姦剽攻不休及鑄錢掘冢固不可勝數適有天幸窘急常得脱若遇赦及解年長更折節爲儉以德報怨厚施而薄望然其自喜爲俠益甚既已振人之命不矜其功其陰賊著於心卒發於睚眦如故云而少年慕其行亦輒爲報仇不使知也解姊子負解之勢與人飲使之嚼非其任彊必灌之人怒拔刀刺殺解姊子亡去解姊怒曰以翁伯之義人殺吾子賊不得棄其尸於道弗葬欲以辱解解使人微知賊處賊窘自歸具以實告解解曰公殺之固當吾兒不直遂去其賊罪其姊子乃收而葬之諸公聞之皆多解之義益附焉解出入人皆避之有一人獨箕踞視之解遣人問其名姓客欲殺之解曰居邑屋至不見敬是吾德不脩也彼何罪乃陰屬尉史曰是人吾所急也至踐更時脱之每至踐更數過吏弗求怪之問其故乃解使脱之箕踞者乃肉袒謝罪少年聞之愈益慕解之行雒陽人有相仇者邑中賢豪居閒者以十數終不聽客乃見郭解解夜見仇家仇家曲聽解

解乃謂仇家曰吾聞雒陽諸公在此閒多不聽者今子幸而聽解解柰何乃從他縣奪人邑中賢大夫權乎乃夜去不使人知曰且無用待我待我去令雒陽豪居其閒乃聽之解執恭敬不敢乘車入其縣廷之旁郡國爲人請求事事可出出之不可者各厭其意然後乃敢嘗酒食諸公以故嚴重之爭爲用邑中少年及旁近縣賢豪夜半過門常十餘車請得解客舍養之及徙豪富茂陵也解家貧不中訾吏恐不敢不徙衛將軍爲言郭解家貧不中徙上曰布衣權至使將軍爲言此其家不貧解家遂徙諸公送者出千餘萬軹人楊季主子爲縣掾擧徙解解兄子斷楊掾頭由此楊氏與郭氏爲仇解入關關中賢豪知與不知聞其聲爭交驩解解爲人短小不飲酒出未嘗有騎已又殺楊季主楊季主家上書人又殺之闕下上聞乃下吏捕解解亡置其母家室夏陽身至臨晉臨晉籍少公素不知解解冒因求出關籍少公已出解解轉入太原所過輒告主人家吏逐之跡至籍少公少公自殺口絶久之乃得解解窮治所犯爲解所殺皆在赦前軹有儒生侍使者坐客譽郭解生曰郭解專以姦犯公法何謂賢解客聞殺此生斷其舌吏以此責解解實不知殺者殺者亦竟絶莫知爲誰吏奏解無罪御史大夫公孫弘議曰解布衣爲任俠行權以睚眦殺人解雖弗知此罪甚於解殺之當大逆無道遂族郭解翁伯自是之後爲俠者極衆敖而

無足數者然關中長安樊仲子槐里趙王孫長陵高公子西河郭公仲太原鹵公孺臨淮兒長卿東陽田君孺雖爲俠而逡逡有退讓君子之風至若北道姚氏西道諸杜南道仇景東道趙他羽公子南陽趙調之徒此盜跖居民閒者耳曷足道哉此乃鄕者朱家之羞也太史公曰吾視郭解狀貌不及中人言語不足採者然天下無賢與不肖知與不知皆慕其聲言俠者皆引以爲名諺曰人貌榮名豈有旣乎於戲惜哉

装丁　國枝達也

齋藤希史（さいとう　まれし）

1963年生まれ。東京大学大学院人文社会系研究科教授。京都大学大学院文学研究科中退。著書に『漢文脈の近代――清末＝明治の文学圏』（名古屋大学出版会、サントリー学芸賞）、『漢文スタイル』（羽鳥書店、やまなし文学賞）、『漢文脈と近代日本』（角川ソフィア文庫）、『漢文ノート』（東京大学出版会）など。

田口一郎（たぐち　いちろう）

1967年生まれ。東京大学大学院総合文化研究科教授。京都大学大学院文学研究科中退。著訳書に『清国作法指南』（平凡社 東洋文庫）、『荻生徂徠全詩 1・2』（共訳注、同）、『『列朝詩集小傳』研究』（共著、汲古書院）、『聞いて楽しむ菜根譚』（創元社）など。

漢文《かんぶん》の読法《どくほう》　史記《しき》游侠列伝《ゆうきょうれつでん》

2024年３月29日　初版発行

著／齋藤希史《さいとうまれし》　田口一郎《たぐちいちろう》

発行者／山下直久

発行／株式会社KADOKAWA
〒102-8177　東京都千代田区富士見2-13-3
電話 0570-002-301（ナビダイヤル）

印刷所／株式会社KADOKAWA

製本所／株式会社KADOKAWA

本書の無断複製（コピー、スキャン、デジタル化等）並びに
無断複製物の譲渡および配信は、著作権法上での例外を除き禁じられています。
また、本書を代行業者などの第三者に依頼して複製する行為は、
たとえ個人や家庭内での利用であっても一切認められておりません。

●お問い合わせ
https://www.kadokawa.co.jp/（「お問い合わせ」へお進みください）
※内容によっては、お答えできない場合があります。
※サポートは日本国内のみとさせていただきます。
※Japanese text only

定価はカバーに表示してあります。

©Mareshi Saito, Ichiro Taguchi 2024　Printed in Japan
ISBN 978-4-04-400788-1　C0081

◆◇◇

西田太一郎 著『漢文の語法』

齋藤希史・田口一郎 校訂

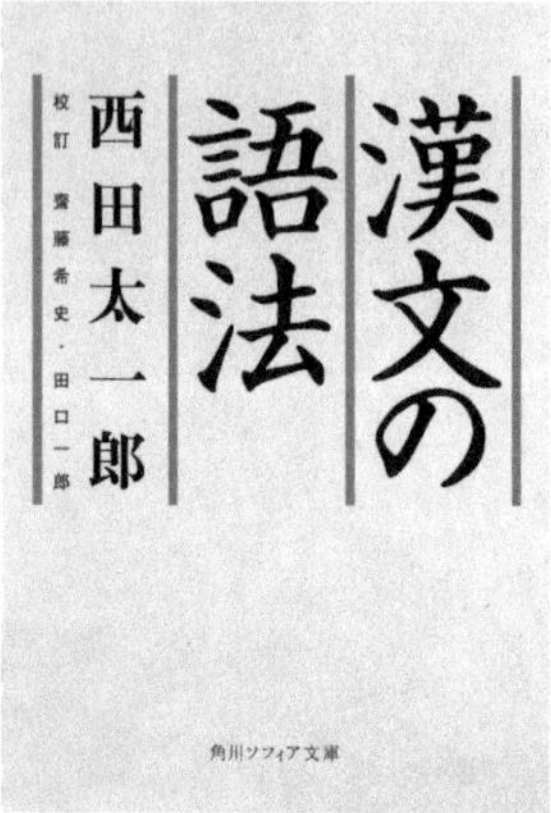

漢文学習者必携！ 伝説の文法書復刊

「これに勝る漢文文法書なし」との声も高い名著を復刊。漢文の読解力を高めるには、漢字の知識に加えて、「文法」の精確な理解が必要だ。漢字の音と意味の関係や規則、文の構造、例外的な用法などについて『論語』や『史記』などの中国古典の名著から引いた1270を超える文例を用いて実践的・体系的に解説。文例をしっかり読み込み、漢字についての知識と理解を深めることで、確かな読解力を身につけよう。語法便覧、慣用句辞典としても活用できる、究極の指南書。

角川ソフィア文庫　ISBN 978-4-04-400634-1